101 CANTANTES L...
CELEBRIDADES LATINAS DE...

ANTONIO BANDERAS 3	WAGNER MOURA 28
JAVIER BARDEM 4	LUIS TOSAR 29
DEMIAN BICHIR 5	SERGI LÓPEZ 30
GAEL GARCÍA BERNAL 6	PEDRO PASCAL 31
MICHAEL PEÑA 7	ALBERTO AMMANN 32
RICARDO DARÍN 8	JAVIER CÁMARA 33
BENICIO DEL TORO 9	DAMIÁN ALCÁZAR 34
DIEGO LUNA 10	ERNESTO ALTERIO 35
ANDY GARCÍA 11	CARLOS BARDEM 36
OSCAR ISAAC 12	NESTOR CARBONELL 37
JOHN LEGUIZAMO 13	JORGE GARCÍA 38
EMILIO ESTEVEZ 14	RODRIGO SANTORO 39
MARTIN SHEEN 15	JEAN RENO 40
CHARLIE SHEEN 16	DANNY TREJO 41
WILLIAM LEVY 17	GEORGE LÓPEZ 42
JOAQUIM DE ALMEIDA 18	SOFÍA VERGARA 43
JORDI MOLLA 19	PATRICIA VELÁSQUEZ 44
HECTOR ELIZONDO 20	EIZA GONZÁLEZ 45
EDWARD OLMOS 21	SELMA HAYEK 46
LEONARDO SBARAGLIA 22	M RODRIGUEZ 47
JORGE PERUGORRIA 23	ZOE SALDANA 48
JIMMY SMITS 24	DIEGO BONETA 49
E VERASTEGUI 25	EVA LONGORIA 50
EUGENIO DERBEZ 26	EVA MENDES 51
EDGAR RAMIREZ 27	ROSARIO DAWSON 52

101 CANTANTES LATINOS Y CELEBRIDADES LATINAS DEL CINE Y TELEVISIÓN

- LUIS GUZMÁN 53
- MORENA BACCARIN 54
- ROSELYN SANCHEZ 55
- JESSICA ALBA 56
- SHAKIRA 57
- RUBÉN BLADES 58
- RICKY MARTIN 59
- LUIS MIGUEL 60
- JOSE JOSE 61
- VIOLETA PARRA 62
- RICARDO ARJONA 63
- PLACIDO DOMINGO 64
- MERCEDES SOSA 65
- ROCIO DURCAL 66
- CHRISTINA AGUILERA 67
- JAVIER SOLIS 68
- THALIA 69
- LUIS FONSI 70
- JENNIFER LOPEZ 71
- JORGE NEGRETE 72
- SELENA GÓMEZ 73
- VICENTE FERNÁNDEZ 74
- GLORIA ESTEFAN 75
- JUANES 76
- ANA GABRIEL 77
- JULIO IGLESIAS 78
- SILVIO RODRIGUEZ 79
- MARC ANTHONY 80
- JUAN LUIS GUERRA 81
- MARC SOLIS 82
- ANDRES CALAMARO 83
- MIGUEL RIOS 84
- MIGUEL BOSE 85
- ENRIQUE IGLESIAS 86
- PEDRO INFANTE 87
- JUAN GABRIEL 88
- JOAN SERRAT 89
- CELIA CRUZ 90
- JOAQUIN SABINA 91
- RICARDO MONTANER 92
- ALEJANDRO FERNÁNDEZ 93
- LAURA PAUSINI 94
- CARLOS BAUTE 95
- JOSÉ ALFREDO JIMENEZ 96
- FRANCO DE VITA 97
- CAMILA CABELLO 98
- DAVID BISBAL 99
- FITO PAEZ 100
- CUCO SANCHEZ 101
- CHRISTIAN CASTRO 102
- ANTONIO AGUILAR 103
- SOLUCIONES 104

ANTONIO BANDERAS

```
G E N I U S P I C A S S O B F U
N S O O S F C H I K B M A P C V
B E R G C U N M Z N L U A A P Z
W Q I D A A N L N U V G N U E J
H I G U D G S E U T V X V C G W
I B I M E S F S A S I X A G H S
J N N M S N J O A B O U B R T O
R I A H P I K F U S P O F O N K
M N L T E Q R V T R S J N M E S
E X S R R T Y E T T R I N F O A
Y D I S A M R T H E V O N J W T
G S N C D Q R N C E Z K O S U R
P W L T O M M B F R W X E M I S
G J U J X O I D H Y I L P O S J
A Z O E V I T A Q I Y N P I W G
T H E L E G E N D O F Z O R R O
```

ASSASSINS
EVITA
GENIUS: PICASSO
THE LEGEND OF ZORRO

DESPERADO
FOUR ROOMS
ORIGINAL SIN

JAVIER BARDEM

```
M O N D A Y S I N T H E S U N G
B E F O R E N I G H T F A L L S
Z E V K Z M O T H E R Ç O À N G
L S A E K H L Á Ï Î B Ü G Ý N A
G B O T R G L C Y R Á Á H P E Ó
R I X E P Y O I B Z R À N Ý Ç Ú
Y U N É D R B Y V Í V E E Ü Î A
Z T Ú Ü Ý Î A O A E F Ç J R D Ç
É I V Ö A H T Y D S F É S C V Á
T F É Z I K T Y L Y G L T Á W Î
B U E X D W E Ý B O K H E L C B
Ü L V È Á Ó U Ï Á P V N O S E À
E R Ú V Y Ñ D U Í R S E O S H È
E É N H Q Ç Î P L H Ó G R W T Z
C J A M Ó N J A M Ó N U Ö K S S
Í S G Ñ M G Ç N Ú Í Í Ñ Ï U Ç Ñ
```

BIUTIFUL
EVERYBODY KNOWS
GOYA`S GHOSTS
JAMÓN, JAMÓN
LIVE FLESH

MOTHER
MONDAYS IN THE SUN
EAT PRAY LOVE
BEFORE NIGHT FALLS

DEMIAN BICHIR

Í U L K Q Ï M Î K U Z X T N H F
Ý A Q U E S J Í È B O E È J É Ñ
Q R L Á N O Ï L O È X H E E X H
V E O I Z A U Ç A Ï Ñ R V D Á F
H S A J E I V Ç I M W Í R Ü Ç X
K P M È O N É I À I O Y I L Ý B
À D E R P A C I D F Ö N Q T È Ï
F Î R X P I M O C A I P J O W Ç
À R I É H M R E V F M N F A F D
A Î C O Ú G N V N E T E H H W H
K T A U X G B Ï M E N V J I A B
Á Ý N T L Ý U Z Í Q C A H O X B
I J V W J U C M O H A E N L R Z
M Í I E W M I G N J V A R T G U
C P S K Q S O K H Ü P Ü Î Ö Ú O
I F A G Î É O Ý A Á A E M Q Ñ È

ALIEN:COVENANT   AMERICAN VISA
LA MONJA   ROJO AMENECER
UNA VIDA MEJOR

GAEL GARCÍA BERNAL

```
C C A R T A S A J U L I E T A D
B G W A M O R E S P E R R O S S
R K R K X Z D O C K R R Q Q G T
H C V T H V M C F Y Q U V R L F
M V Z F S J X R J D M D T L X M
S X K D J O U B A Z F O Z I P O
E M C O C O M A A H P Y A Y L W
Y S Z G K G P B A X Q C S R O T
O N S L J G D E I G C U G P S D
A X E Y B X G L Z G C R J U R C
W B F U F X X O I I X S Y M D R
A I K E Q J C C N Q Q I U R N K
T B D L A R E D A V I S P A T O
L U E L D U K F C E E W K W N T
R A M O R P O R S I E M P R E Y
X H K U S U F I G W W Y L H V D
```

ABEL
AMORES PERROS
CARTAS A JULIETA
LA RED AVISPA
RUDO Y CURSI

AMOR POR SIEMPRE
BABEL
COCO
NO

MICHAEL PEÑA

```
B D T I P W X G Z N C V P Y T A
A O S J C O Y N Y R O M K F H N
T W L P V L A G B L L T T B E T
T B G N O M L R R G L H H T V M
L M W E T S E K H Q A E E H A A
E U P N J T A U W N T W S E T N
L H A F O A C G B W E A E G I A
O I J O I B W J O R R L N O C N
S K H Q X N B R Q Q A K T O A D
A S R K H J E M R G L I I D N T
N X T H K X Y R R T B N N D T H
G T C R S F X E O E E G E O A E
E Y X X U U G R E D A D L C P W
L P A C I F I C B L U E D T E A
E Z R G N F T A F A T A I O S S
S B R I H K Y G C B Y D A R T P
```

ANT-MAN
ANT-MAN AND THE WASP
BATTLE: LOS ANGELES
PACIFIC BLUE
THE GOOD DOCTOR
THE VATICAN TAPES
COLLATERAL BEAUTY
SHOOTER
THE SENTINEL
THE WALKING DEAD

RICARDO DARÍN

```
H Ý K O H U O G U Á Ç E N Z Z T
È K T Ú R R N E À À C E O L O S
Ý P A D A Y V Ñ E Î B M A C E B
Q V H F È H À L Ï A I Ñ N J È Î
È Ç L L F E X S T E A A Á U Ú
Ö E X F A P O O P S L V N Ú Ý K
X R D K Ï Ü L É A B L Ü I Ú B E
U E Ç U L S S L E A L É E Ü K Y
Ú G Î M O A P T S Y H R V I D Ú
Ñ Í Z D I Ö N S Î F Í H E Î H K
È H O A D A O M Ï Ï A O N P Y T
Î T Î Á G T Q Ö Ú C Í Ó E R H Ú
É A Ü E A M Y T P P A W G À A Ý
Z É L L F W N S M É Ü W R V E Ç
R E E P Ü F I Á P N S K A M É V
U R J N X H R F R R Í E K A S M
```

EL FARO
LA SEÑAL
RELATOS SALVAJES
TODOS LO SABEN

ELEGANTE BLANCO
NIEVE NEGRA
SÉPTIMO

BENICIO DEL TORO

```
T P T W E N T Y O N E G R A M S
H N B U A H K S O M F U K G S P
O P Z Z O V T A S O W W I R T T
R A L Q R Q E H W J M W K O S C
T J K X P N O N E S F N A R K X
H D S F V C Q C G H X V A S H G
E O Q W I Q M N S E U W W X M L
D E E G L F H N N H R N Z R A A
A T R A F F I C A A V S T N O Y
R F A R Y B U H T D H Y S E H X
K Y R T S V W S C V E F I L D M
W I M P P N I H H L S A N E I U
O O E H Q F V U U L A Z C Q Q N
R M I A M I V I C E Z K I U H U
L F W R J A C V K R L S T F T U
D C K D V D D E C L O O Y Z E B
```

AVENGERS
SIN CITY
STAR WARS
THOR: THE DARK WORLD
TRAFFIC
MIAMI VICE
SNATCH
THE HUNTED
TWENTY ONE GRAMS

DIEGO LUNA

```
Ö T H E B O O K O F L I F E E S
L J À C K Á Ñ A I H N V L M G M
Í M Q J Ï Ñ T J B F C J Ú I V M
N B F I D E L P B E P G È Á Y Ï
E Î L Ç S Î À S C W L Ý K H P Ñ
A J R O V C O N T R A B A N D O
M Ó U Ö O R R O G U E O N E Ñ H
O Ý D S O D T J M Ö Á U Ö R Q N
R U O T E Á F W D J É H Ý O Î Í
T D Y Á X L Á A Q S Á E Î W B S
A Ç C B À R Y T T Ü Ï X Í G X É
L D U Á Q B V S É H B Ó Ü G L M
Y Ñ R Í M Ç R Z I E E Y Q Ç R Ü
A X S X R J Ú M N U S R Ó K Ç È
Ü F I À M Î G E U J M C Ñ Ý B L
Ü A Í B Ï T O D O E L P O D E R
```

ABEL
CONTRABANDO
FIDEL
ROGUE ONE
THE BOOK OF LIFE
BLOOD FATHER
ELYSIUM
LÍNEA MORTAL
RUDO Y CURSI
TODO EL PODER

ANDY GARCÍA

```
T B O N M O D I G L I A N I Z M
H Q J Q C F K Z S L V W I I A X
E U M G R Q H E I L R Q V T I I
U V E F J Y O K A U M Z R C W X
N E Y P D G E T B V Y A F H W A
T Z H J A Y N X C I C D K U M G
O A V Q I H F A I A C K L V A U
U Y A G W N W Y M N S E R Y X G
C O F S L Q M I M E W N H A S F
H H W B Q A T K B G U I H N T W
A U Q G F L U V U R U H J A E A
B U I S U R Y T A A E T J T E U
L D V A S D F W W K L M N W L O
E L L K M Q C T Y H M G A J M Y
S O C E A N S E L E V E N C R H
E D M T B H A T R Y M X J G Y N
```

LA ULTIMA CARTA
MAX STEEL
OCEAN´S ELEVEN
LLUVIA NEGRA
MODIGLIANI
THE UNTOUCHABLES

Page 11

OSCAR ISAAC

```
O P E R A T I O N F I N A L E A
Ü Á D Ï Ó Î E W À Ç D R I V E X
J R U G Ö G K Ñ Á Z F A S T T Y
N É Á Q À U E Ñ É É M U Á T R Í
Á L A Á J G Ú M Q S S P É U I M
S X N A I J É Ö I R H Ó S G P Ó
J K Z U E K Z M A È F Z Z B L X
Ç C U O G P A W Ú L V É À Ü E É
S Ç D Ú D D R J W E R V F W F W
Ï P N B I A H X Ñ A L J F E R B
N C Ú V T G Í O Ç F H X K N O Z
C Ý A S È N I Ñ F È É V Ö W N A
T L S Ü Ç F R Î P T N Y A F T X
Ï Í A N I Q U I L A C I Ó N E P
Q G Ó F É N J A Ç T Ó E D L R U
F L A P R O M E S A Ó À Ñ R A C
```

ANIQUILACIÓN
LA PROMESA
OPERATION FINALE
TRIPLE FRONTERA

DRIVE
LA VIDA MISMA
STAR WARS

JOHN LEGUIZAMO

```
O Ö L R M T R Ï N V I V U M K
T V J Ú N S J O Î C E Ý X N O O
R Ú U V O Z A M B Í L Í O N M D
O K G L E É Ï E A O I Q P O E A
D P A Y P D D O Ç X N Í E V N Ñ
Í U N X T Q Ç M S O F M R A T O
A K D Ü M U Á Á Ú D I Î A T O C
P Ú O Ý Z À Ý S M Á L S C O C O
A G C Ñ T Q W J L P T J I E R L
R U O C B N X U G Z R V Ó N Ñ A
A Í N Í Î Q Î L Ü Ý A Ï N A I T
M Y F È X O Ü I W R D T U P T E
A P U X Ï Í Î E Y Ý O Q L U I R
T Á E É Q Ü Á T À Î V Í T R C A
A J G Ñ P X R A I È R F R O O L
R Á O H U W Ó Z R Ú U À A S Ñ E
```

DAÑO COLATERAL
JUGANDO CON FUEGO
OPERACIÓN ULTRA
ROMEO MÁS JULIETA
UN NOVATO EN APUROS

EL INFILTRADO
MOMENTO CRÑITICO
OTRO DÍA PARA MATAR

EMILIO ESTEVEZ

```
E Ñ I A Ó Y N Q Ú D C Y R Ö B Ó
L L P O D Ö Ñ E Ï V Ü Ú Q Í Î K
Ç O C L É G U T L Ç D Ü Ý L A Ñ
X G S L O Ç U G Í C F Ü F T Á J
P G X H U S Î N E Í A Ç J W S Ý
C D U D É B C V F D I M I R X S
È Ý P P Ó R D A Ö Z Q N I É N P
Í Ö O L V S O E M Q P H È N N Ó
I L K I G Í D E L P Z Ö X G O A
Y É Í K D C Ï Ç S O E J W È P J
D Í Q Ç Ï P Ó U S F S O N Î Q S
I I Z F X Î L Í Î A A C N Á M Z
S Ç K D X B J L X È Ö L I E F Ü
À Z F X K I Ó D M A V Ç S N S È
Q Ö Ñ Í A S E C H O Ñ Á Á O C M
Ç E T Ö Z Ü P I P Ó Ç Í Ç E S O
```

ASECHO
EL CLUB DE LOS CINCO
LOS HÉROES FALSOS
EL CAMINO
LOS CAMPEONES

Page 14

MARTIN SHEEN

```
A L K N Ö À C L P Á A Ö G T R S
T U Î C È À Ü Ö V P F M È G G V
R F S P I D E R M A N Ü N Ï A F
Á Ç É W Z Ñ V G À Í W Y Ï T È E
P Y J Ç U O Ú Y T Î P R E F G L
A B W À N Ï N Ö K X V R D P Í C
M A R S Ó Í P A Á Í C Y Á U T A
E X F O B Ü Ó R M E Ý U Ó Ñ L M
S À C Ü U Ç I W S U Y N V E Ó I
I N T M C G Ö N É G E Y Ï È L N
P T V M E F Ó Î À N Ú R V N Ñ O
U S N Q R I S A B F Ó A T N E Ö
E S A Ó S M D Î È Z Q V V A À O
D M G I B H R M U É È R D D Ý Î
E È M X I P G E T T Y S B U R G
S L O S I N F I L T R A D O S R
```

ATRÁPAME SI PUEDES
GETTYSBURG
MISIÓN SECRETA
ZONA MUERTA

EL CAMINO
LOS INFILTRADOS
SPIDER MAN

CHARLIE SHEEN

```
Ü D F K E Y È È Ç Ó Ú Ï R B S Ñ
A L Ú U F N B A Q C Q W F G S L
M I C B M J F B Ñ Ü Ó Ï I Ñ T Ó
A G M J X A W Í D G Ó I X Y Y X
N A Ç T T H C Q É I F C R Í O S
E S P V Z P A H N Z H J R B Ü H
C M L F Z Ó V N E F T À V W P M
E A Ý Ü K È B D L T É N È Î Z C
R Y É W Ý M N X Y L E F E Ú È Á
R O B P G F F P C Y E K A W É M
O R È C E E F X Y C F G I O I Ó
J E J Ñ Ú L Y Y S S À V A L R Ý
O S L N M Ñ O N A Í Q H J D L Ç
X Ý S A E Ö E T I Ú Ý H I R O S
È M F M À D P Ö Ó W A Í O O Ý V
Ï F Ý N B N B Á Î N Ñ E E I N S
```

AMANECER ROJO
LIGAS MAYORES
PELOTÓN

HAN LLEGADO
MACHETE KILLS

WILLIAM LEVY

```
Ý  V  E  L  V  E  L  O  M  T  Ç  R  A  Ç  Ü  È
Y  I  I  K  Ý  Ö  Y  B  Ü  Ñ  È  D  E  S  A  U
C  Ó  Q  A  Ó  Y  Ú  Y  Q  B  A  M  Á  X  Y  S
B  V  K  Ý  J  A  B  F  E  R  Ú  M  M  S  Ý  Ü
È  X  À  O  T  E  B  È  U  Ý  A  B  E  Y  Z  Ñ
O  A  X  Z  L  Ç  D  G  Ó  J  Ü  R  A  Ü  Í  Ü
X  C  Ü  È  Î  Ï  E  E  E  Ó  E  Ï  P  Ï  Y  E
C  C  B  K  Î  S  T  T  C  A  Ï  Ç  X  Ç  Ö  L
R  Y  Ú  Ï  A  Í  R  Q  D  H  O  W  K  Ó  W  Ý
Í  E  O  A  C  A  L  I  P  Y  I  M  W  U  R  G
É  K  D  W  D  B  V  A  T  W  Ö  C  Ú  Z  R  Ó
P  I  E  I  C  I  È  Ó  À  É  È  Î  A  Z  Ú  U
V  K  V  W  M  G  G  C  Y  M  A  P  G  S  Q  Q
È  L  P  À  Z  Î  Ç  I  V  S  F  É  F  Ý  Ï  O
O  Ï  I  À  R  E  S  I  D  E  N  T  E  V  I  L
P  E  R  V  E  R  S  A  A  D  I  C  C  I  Ó  N
```

EL VELO
OLVIDARTE JAMÁS
RESIDENT EVIL
VIDA ASEGURADA
MI VIDA ERES YU
PERVERSA ADICCIÓN
VIAJE DE CHICAS

JOAQUIM DE ALMEIDA

```
P E L I G R O I N M I N E N T E
U O Ú C O Z À L Q F U Ý A S Ç C
C D R F È Ç T Ú Ó S Ý Ü X V Ý N
H U X T I À D Ý Á Î U Q O A L Ç
E R Ç Á U S É A A Ö X N Ý D Í J
E O H I Ö G M Ú Z L I Ö L E K Ú
L D I C Ñ I A Ö Y M È D N S F Î
A E É W T G Í L A Ö T B E P I E
R C N Á Í Ï S C M P W I Á E V V
G U F G Ü W L X P O Ý Î M R Ó Î
E I Í P Í E J C I Ó N Z V A Ý C
N D C J Á Ü À G C R T A O D K T
T A N W A Ú U Ñ R Z K Ü M O N Ç
I R É U R Y O L X L Ý L O O C Ó
N À O Ñ É I J È W G P K Ú V U Ç
O O Ñ Ý J H Ñ M I J K Ó W Q Ç R
```

CHE, EL ARGENTINO
DURO DE CUIDAR
FÁTIMA
PORTUGAL, MON AMOUR
DESPERADO
EL CAMINO
PELIGRO INMINENTE

JORDI MOLLA

É E L J È Ï Ñ Á Ñ Ó C È D V Ö U
P Á Ý P H W I R L A Z E F Y Í Ï
Ï Ý Ö P Q Ú B V G Ö Ú Ñ T A Ç A
B E Ö X Ï K I O S P Í Î O R Q C
F X T É Á Ú Z V C H A R Ý F R H
Í R È É S M A C B N Ï Ñ P M P Ú
S I Ý Q P L S È M Ç Ç O T F T Y
G E Ý M Í S N O C H E Y D Í A T
I T N Ñ K É Ú V N U Ý P P W T È
É E N Ñ Y W C M P N N Ç V Ö D È
K Ç C B Ö Ñ À R X Í Ó G É Ü O I
Ç Y È B Q K V W E K C Ï E R H Ö
O M E N T E I M P L A C A B L E
Ó Ö U Q Ï Ï W H X Ó U X Q Ç Y P
P Ñ Ó E O Y T L Á J C É S Ñ V Q
Î B B I G Ç N À Á X Ý P Z B N Î

IBIZA
NOCHE Y DÍA
MENTE IMPLACABLE

HECTOR ELIZONDO

```
K Ü B J S V J G À W X Q Ú Z N S
G A Ñ O N U E V O Ú B H Q Y O Q
E I Q M F H Ú A Î T W C N Y V Ü
È O G I U È D I Y Í Ü N R À I É
Ý C K O Î J Z I Ñ Z H T F Ú A W
N Ü X P L C E È P O P C T L F T
J M Í Ú Ñ O E R J R L R V A U R
V H Í A É Ú A Y B H C X X W G G
Ï Z Ö C X Y E M J O N Ñ R K I Ü
Î I Ü Y M I C Q E B N Q A B T Ú
Ï K M B K L Ó Ö F R Z I Î B I X
U L C N I T L Ý M F I Á T B V B
J N A U N Ç È Ñ É S K C Ï A A Ú
D R Z Ú I I Î E B Ú R Ú A É Ú W
F K É Y G B A D Y H E E Ú N Î G
S J Í O B G Î A Ü E È E Ñ Y O B
```

AÑO NUEVO   FRANKIE Y JOHNNY
GIGOLO AMERICANO   MUJER BONITA
NOVIA FUGITIVA

EDWARD JAMES OLMOS

```
1 K V L E 2 I S Z 4 6 C X 6 9 0
K E T K 9 7 X F 6 C I V H 4 W F
8 P M H T H E W E S T W I N G O
7 O X B 3 A 9 X V P M Z I C 0 9
4 Z H 6 L X B S I 7 M 4 4 E U O
6 U X 0 V A 6 E 0 B L 9 V 5 D 9
0 O M J Y H D L 7 D F I H X E Z
3 Y X I X 2 B E M Y F D H S X F
N A K O A 5 8 N R I 3 D R 6 T L
C 9 X N 3 M L A I U 2 O W 6 E D
X E G F 1 B I A 6 A N S A T R D
V W 6 N I J W V C S I N Y 0 N B
C H I P S A O 9 I 9 F 3 E T P 5
V 7 C M H 2 7 3 Q C 3 G B R G 0
G S M V M T E S 0 9 E I Y 1 1 K
A G E N T S O F S H I E L D B A
```

AGENTS OF SHIELD
CHIPS
DEXTER
MIAMI VICE
THE WEST WING
BLADE RUNNER
CSI:NY
HAWAII FIVE-0
SELENA

LEONARDO SBARAGLIA

```
V O S L H Q E Y Z Z A M R Z S C
R R L A F L W R W V D E U N I L
E I P A N Y U O A G R Q E F N W
E G N V R G J C Y C W W G B R L
L E K T X E R M E H W C L Q E I
N N U J Y C D E J S X M J T T W
P E V I T X T A E L R D B A O O
S S I E I J L A V N J O W X R P
N S Q Z Y Z Y X D I L S J M N W
T E L I E V G O Y R S A Z A O C
P C L Q D C S J B C U P B X S S
T R B B N S X I T A Y G A O F F
Z E Z Q S D K S T Z G M O B C V
K T L V N I E V E N E G R A Q A
N O A O T T Y M T J R M F J C G
D S L L P F U P K U J V V H W D
```

LA RED AVISPA
NIEVE NEGRA
SANGRE EN LA BOCA
LUCES ROJAS
ORIGENES SECRETOS
SIN RETORNO

JORGE PERUGORRIA

```
B Î H C Q Ç Î X Z J M R Á B Í B
E Q O H O D È Ý B É Z E O E L D
C A R E À R R I Z È F N M É I V
Ú M M E Ñ F E B F E Q C À I S Z
J O I L H L W Î J Ï C O B X T O
S R G A D U Ó Q I Ú Í R A Í A C
S V A R B Á M B O L A B F A D Ï
Y E S G C Í F Ñ À Y X A I T E Q
Ü R E E À A L I Y W D R N A E U
H T N N O B C Ñ Y O R R I Î S E
E I L T U V H H R À Ó I D D P É
P C A I S À O L I Ü Î O A Ý E N
C A B N Ó Á O Ö À T Z C D V R R
H L O O Q I F Í F Z O U E Ç A K
Z À C Á M V G Ñ K B Ú B S V Ý Ö
B R A Î Á Y Í Ú N E À A Á O B S
```

AFINIDADES
BÁMBOLA
CHE, EL ARGENTINO
LISTA DE ESPERA

AMOR VERTICAL
CACHITO
HORMIGAS EN LA BOCA
RENCOR BARRIO CUBA

JIMMY SMITS

```
L N S U P M O T O R I U D K H I
L M U K C P N Z P Y L R Q J B E
A M J W P T R A P Y O H O D B X
U U I L S M F X E K F M R Z S E
L R I T I B J P M J H O L L B I
T D T W Q X Z D G N C D M D Q N
I E L C Y V E U Q N D J M A M T
M R C Q A V K I E G V M X U A H
A I P P R O C K A B Y E H P R E
P N Q M C Y O P V A B Y G T S H
A M Q S L R Z Q E E X C Y K H E
L I H C B K Q C F I H Y G B A I
A N I E M F D C R D Q Z N N L G
B D H F U W U Z H Y L F K R L H
R T P D W B X V Q N T M P N A T
A V W I G Y L Q Q Y N H A N W S
```

IN THE HEIGHTS
MARSHAL LAW
ROCKABYE

LA ULTIMA PALABRA
MURDER IN MIND
THE BROKEN CORD

EDUARDO VERASTEGUI

```
P H Y S X W T R T D F L M I Y J
B G U X N C N U X C V E M A J U
P X A A Z C G H J L P A D E F C
Z L N W T N V B J I I A Y M A U
C R E S C E N D O M I O E L C L
L C B I B V M K N T B I L L H O
H I E D Y K T I S E S E W V A M
Q S F C K G E I L O B J I A S J
P L Q I K M R T I Y V W F E I R
R Q W D T C T D E R J E G A N W
L R M E C I E H Y V E V O I G U
I L E B L D U S S F X H G I P I
T M I Q O G S L M B E V D P A T
D E W J H D U H T A Y N W Z P E
S P I H X L G K F X H G S V I Q
J H X X L E Z T S Z G R E E H Y
```

BELLA
CRESCENDO
HIJO DE DIOS
MEET ME IN MIAMI
CHASING PAPI
CRISTIADA
LITTLE BOY

EUGENIO DERBEZ

```
I A B R A C Á À C L R Ó A T Ï D
Z Ú N Í Ç C I O Ï I N I U A B A
O G S O K A X B Ó P L Z L È U O
T À E È E J Î H Ó I Ç A K G É Y
T S T O P R Z D M W M X A O Ç À
E V L I T Ï E A Q A B L A Í È È
À A Ö D È O F S L Z A J Í Î Q È
Á C Ö Ç O N R A T E J U Y Ï Y X
I Z À Ó O I Ú M R Ú N B J A L À
S Ú L S B H S B E Ö S R V Í T T
P Ú S C Ó U M W U N Y O S Á L G
S O S Q Ï O Ö Y J G T Z Y J È A
D X I U H D S Ü U R À A S Y À X
Ç V J T E H Ü Q Y Í Î D F Q O Í
Á E L L I B R O D E L A V I D A
M I L A G R O S D E L C I E L O
```

¡HOMBRE AL AGUA!
DOS SON FAMILIA
GEO-TORMENTA
NO ERES TÚ SOY YO

A LA MALA
EL LIBRO DE LA VIDA
MILAGROS DEL CIELO

EDGAR RAMIREZ

```
P P F I É W O M K L W R I T È H
Í U U U L L J R Ü W Q Ö Q M V
L M N N R É A È X X A O Ö T D D
A Ï A T T I Î R U P É Ï T O Ý Ñ
C Î G N O O A Î E Ó Q Î W L Ý Ç
H È C V O D S D Ö D J E Á U Ö È
I G Y À I S E D E I A N J C È C
C Ï E O Á N D Q E T À V R X I P
A H D M R E Á E U V I Ó I E A Ñ
D O Á U M F I A P I I T W S Ñ A
E Á O É A A Q Z Ú I E S A V P Î
L B Á H Ü P X Î D M E B T N M A
T Ü Y É I P Ú C W W Á D R A E È
R N Ñ A Ç D Í Ï Ó Á S D R E H S
E Ö W A Q D J Ï C D M T Î A Ü É
N L Í B R A N O S D E L M A L X
```

BOURNE
LA CHICA DEL TREN
LÍBRANOS DEL MAL
PUNTO DE QUIEBRE
FURIA DE TITANES
LA RED AVISPA
MANOS DE PIEDRA
PUNTOS DE VISTA

WAGNER MOURA

```
L D I O S E S B R A S I L E Ñ O
Y Ú Ó Ü X Y R H È L É N Ý F Ü A
E Á B W O M A N O N T O P B P X
Y M C A R A N D I R Ú Ç X K Ï S
Í E G W C L X E F T L S Ñ R Ï B
Ñ K L C F T U C Q R A X P O Í A
Ú Y Ú Y Ó È A V Ü O R N Q X S J
À L C O S Ú J I H P E Z Ï A E K
P N Í Q O I Á P Ý A D I F W R K
Y L X N T Ó U S D D A V X Z G B
F Ú D U T R È M L E V K Í G I W
H J I É O Ñ A Ï P É I Y P O O Í
N S Á S Z Ï K S Y L S M Ñ K X C
E Y È P C Ü O X H I P Á Ü D Ý R
Î N Ý T S J X Q P T A Ó Î À G Z
É Ö E E S Ý Ü Í K E I Ç J Ú X Î
```

CARANDIRÚ
ELYSIUM
SERGIO
TROPA DE ÉLITE
WOMAN ON TOP

DIOS ES BRASILEÑO
LA RED AVISPA
TRASH
VIPS

Page 28

LUIS TOSAR

```
O O L A D E C R Í M E N E S E I
Q U I E N A H I E R R O M A T A
Ú E L D E S C O N O C I D O H W
O L A S V I D A S D E C E L I A
O R Í G E N E S S E C R E T O S
A L A G R A N B E L L E Z A R Z
O K B Ú P X H Ý Ï W O Ü I I Y Ö
Ñ E I Ó H A X V O A O Ï C I N Ç
Ý Z D Y G P Ï Ñ C K P Ö A Á Á À
Ü L N S F Ü H G K À I À T B Ú D
J Á U K B Ñ Ó Z Í Î Ç A K L A D
Ñ Y U W U S Í T G Ï C X V W W X
Ý N K A H Ï G À O U Á I R Q Ç Ç
B Á B D I Ý Ü Ú Y X Ï Y X G Ï Ý
Ó A Ï Ú Ö M N Z Ñ P Î A I E Ï È
Q U É P E N A T U F A M I L I A
```

ADÚ
LA GRAN BELLEZA
OLA DE CRÍMENES
QUÉ PENA TU FAMILIA
YUCATÁN

EL DESCONOCIDO
LAS VIDAS DE CELIA
ORÍGENES SECRETOS
QUIEN A HIERRO MATA

SERGI LÓPEZ

```
E C Ú N F Y L É U B À K Ú X A Ó
L A H O M B R E S F E L I C E S
C M T J A T A Q U E V E R B A L
I I Q Ó P I M Y Ö Á Ü K H Z Î È
E N Î J Á L W P X Q P Ü I Ú J Ú
L O V M Í I É X A T R L Ö Ü C O
O S Ö H R S P O Z N E P Q C P M
A C V S À B Ï H Q F N B J Î M Î
B R Q Z Î O E O O Á Ñ E Ñ Ú Î É
I U Í O Ü A D R X Ï I G G R F K
E Z Î T Ú L A P S Î V Ü Q R Ç Ñ
R A Ý Î C Z L V D Ï V À Ö Ñ O Ñ
T D V Ó Z Ï Ñ R M Ü Q Ç R W É A
O O Z A C C I A T Ý Ü T N V D Í
L S L Ú P F Ý É E Ó Î Ç J Ï V M
N I W O Q O P I D Á W È N Î Í Ú
```

ATAQUE VERBAL
EL CIELO ABIERTO
LAZZARO FELIZ
PAN NEGRO

CAMINOS CRUZADOS
HOMBRES FELICES
LISBOA

PEDRO PASCAL

```
E L J U S T I C I E R O D O S L
Z W L A G R A N M U R A L L A Z
I S O L K N M V W F E W Z T T I
X R M N M W X K G O S X W R H D
Z Z Z X D Y T D Q N L O E I E Y
L N Y V L E P H N W U R C P M I
Z G B Z P M R X J X W O A L A A
J J U E D Z S W M D X T N E N Q
P R O S P E C T O W O G B F D P
G S T K R C Q R B M T F E R A M
V L R W M N S I D T A O H O L Q
C N I B T O R D E Z J N E N O A
F Z O R G S H L R K R T R T R C
B N G E Q J E U B N N P O E I M
Q F O S Y Z T G C J J K E R A A
H D W Y Z W P N M X O C S A N T
```

EL JUSTICIERO DOS
PROSPECT
TRIPLE FRONTERA
WONDER WOMAN

LA GRAN MURALLA
THE MANDALORIAN
WE CAN BE HEROES

ALBERTO AMMANN

```
P Z Ý C X K K Ö K N S L P J J S
È À X I Z C Î Ó N E Q E K S Á M
X À A Î V S X Ñ O Y Í Ç V E C D
X R R C À R R À S Ú S U Z A O I
Ñ Á Q G I Ú E A O P G É U Z M T
Ï Ñ K A U P Ï U Y M R G È Ú B K
Z J S Ö O J I Î C Ú Ñ X L A U Ý
Ñ Á M L T P Ó X O T Ú Î A Ú S J
A M J P H S E Ú M M Ñ Ñ À É T B
I V C L Ü N Z N O Ç Ö Ö Í J I U
Î N À H Ö Ö B E T I B Ú C N Ó Í
Ñ V G C A Î F O Ú X R X N Î Ç
N A M I N D S C A P E K Z B O W
Ý S Ö Y N Í Î Ý J X Q X V R H L
C O À Ó H W M À Q C Y X K K K Í
Ç R À D É Á S Y M Ú N A Ö I È Ú
```

BETIBÚ
EVA
LOPE
NO SOY COMO TÚ

COMBUSTIÓN
INVASOR
MINDSCAPE

JAVIER CÁMARA

```
Ó P E R D I E N D O E L E S T E
H N I P G P Q M Í Q Y F Z O O M
O A Ý H Ü À K O P A Î Ö S F L A
M G B A Q Ü Á Ü Í Z F U Ç E A L
R E R L L H P F Ñ W S M Ç D D A
V Ú S Ñ E Á F V Ó E N È X E E S
P Ñ Z P V C J N D N Ö E G E C T
I X W Ö O X O E Z Á I Y À T R E
Z È Ó Q D R R N G W P T U A I M
O Q J V G R T Ç E H V Á Q R M P
K E H J O T X U Q L Á C J R E O
L Î M T Y V C È B O L Î D A N R
F Ï A Á E Y R K Ü I M A A S E A
M L I G Ú Ï J Í È S E P Ï F S D
E O D H C Ú É V Ý L D N D G G A
L A M A L A E D U C A C I Ó N S
```

ES POR TU BIEN
HABLE CON ELLA
LA TORRE DE SUSO
OLA DE CRIMENES

FE DE ETARRAS
LA MALA EDUCACIÓN
MALAS TEMPORADAS
PERDIENDO EL ESTE

DAMIÁN ALCÁZAR

```
A E I G N R Ç Q U Ý Ï V I Ü C D
W L A D K È N A É J Ö P A P L U
A C M Ó O Ó V O Ñ A T H B C A N
B O E F D S T H U Í V Í Ö A L M
A M Ú O É L C Ý S Y Ñ S Ó Q E U
W P U C G P Ý R M X I C Ñ J Y N
S L S E L I N F I E R N O À D D
Ú O B A A V Ï Î B M Î Ý W U E O
Q T E J T N Î R Ï Ö E D S I H P
M M I T M A A J X Q Ü N À R E E
Ï O À Z B À N Y Ü E È Ç E Í R R
A N X Q M Ö X Á B Ö J O M S O F
D G L C Î X R G S R Î W Ü U D E
K O Ñ R S M O Ö B R U A Î L E C
P L A V E M A R Í A O N G D S T
Ö Ç À V I Q Ý D B G V À O G É O
```

ANA Y BRUNO
DOS CRIMENES
EL INFIERNO
SATANÁS

AVE MARÍA
EL COMPLOT MONGOL
LA LEY DE HERODES
UN MUNDO PERFECTO

ERNESTO ALTERIO

```
X T O D O S M I E N T E N T K À
F Ï W W Ü Y Ó W R O Ó L V U W B
Y E L T R A J E Ý Î Á P Ý Ý P D
U P J D D Ó È R K D Á M È G D V
R Ñ Ñ G S Î M M X Ó J Y É I Î D
À I N D Ú À Ó I M Ý Á Ç X N E É
Ý À V A U Ñ Í Á J Ú F Ö V C Ö Y
X Ñ H A R A M I G O S R È I O A
À Z I É L C À S Í L Q S M D L T
Ó G N O V E O Ü F H H È O E Z À
Ú O C S U B S S X Í C T U N L P
À E A P L O Í C Ú Î É A Ö C W F
Ö K U Ó E Ö X Ü Z M I Î M I V E
À L T T D G Î Á L Q V J G A F K
Î Ó O V Í È H E P G Z P Ñ S U P
Y Ö S U D M M V X Q X N È F M A
```

AMIGOS
EL TRAJE
INCIDENCIAS
RIVALES

EL MÉTODO
INCAUTOS
NARCOS
TODOS MIENTEN

CARLOS BARDEM

X	Ñ	V	I	M	Ï	L	Ö	È	U	Q	M	X	S	É	Z
J	H	K	Y	Ü	Ñ	P	E	H	K	K	D	L	O	A	M
C	A	H	H	É	Ü	Ú	T	K	E	Y	L	Y	Y	Y	Ú
L	C	H	E	G	U	E	R	R	I	L	L	A	Z	D	G
U	P	Í	F	E	L	C	I	D	K	M	Ö	Ý	H	U	Ü
B	T	H	E	K	N	I	F	E	T	O	W	E	R	Ó	V
D	E	Ï	R	E	N	K	O	É	V	Y	Ñ	É	L	Y	R
E	W	A	M	A	Ï	D	D	K	I	I	Ñ	Á	N	E	R
C	C	L	Á	Ó	Ý	X	C	D	L	E	O	S	L	Á	W
U	X	A	C	M	T	H	E	S	O	N	K	L	D	Y	T
E	D	T	H	A	Í	G	O	Î	F	S	I	P	E	Z	É
R	É	R	É	Ü	J	À	T	R	P	K	Ñ	Ç	É	T	Ö
V	É	I	E	Ü	C	Ý	Ú	Z	Ç	Q	Í	Ú	Î	Í	Ý
O	G	S	H	L	H	U	B	L	E	Î	K	S	E	Ý	Ï
S	Ç	T	P	V	S	F	R	W	Ç	Ó	À	W	D	S	V
P	Ñ	E	X	Í	Í	Ý	Î	P	R	E	X	Î	É	A	A

ALATRISTE
CLUB DE CUERVOS
KILLER
THE KNIFE TOWER
VIOLET

CHE: GUERRILLA
EL CID
RENKO
THE SON

NESTOR CARBONELL

```
B E H I N D E N E M Y L I N E S
C Q T H E M O R N I N G S H O W
N R K E N W T P Y X N A S P F M
K F O I L H J B H U W G Z R Z M
C R B W L O P E A Z C E X I H I
O W S I N L S A L J X F Q M B D
Z X F Z G H E T N P R C H P T N
C N S N J H E R Y D P T J E Y I
I C U F P V E I M K F E B R J G
M J L R J P F R G O V F Z I C H
Y S O V C O N U O H V S T U A T
I B D S X R E F R W T I U M C T
R R M W G M M B O F Y S E K J E
T H E D A R K K N I G H T Z S X
M H U U C V Z N S E H Q J M T A
L X F E R T I L E G R O U N D S
```

BEHIND ENEMY LINES
CROWN HEIGHTS
IMPERIUM
LOST
THE DARK KNIGHT

BIG HERO
FERTILE GROUND
KILLER MOVIE
MIDNIGHT, TEXAS
THE MORNING SHOW

JORGE GARCÍA

```
C A L I F O R N I C A T I O N T
V O N B 6 B E H 5 P P F H 1 T H
V N A 2 7 0 F U 0 2 E K A D Z E
5 C Q L P 6 1 M Z W D E W E 4 W
R E V Z C X D 9 6 4 R A A C X E
5 U 6 3 G A 4 U H W C 7 I K Q D
8 P Z 6 B J T 3 C D 0 I F T O D
J O P B N S L R 2 5 A V I H 6 I
6 N R F R P M G A L R J V E T N
3 A H W 6 0 A F T Z X M E H 3 G
3 T 5 8 O 2 K V K U S C 0 A 5 R
5 I F Q U E T F M F D F C L 4 I
S M R J T R U J R Y P 8 A L T N
D E H 8 P 9 B F R I N G E S 9 G
O Y 1 Q U A 8 9 3 F J B O J T E
Y S E 1 Y J A K D K P L I J M R
```

ALCATRAZ
DECK THE HALLS
HAWAI FIVE-0
MAKTUB
THE WEDDING RINGER
CALIFORNICATION
FRINGE
LOST
ONCE UPON A TIME

RODRIGO SANTORO

```
L W T H E T H I R T Y T H R E E
Y J Z C L U X D F D H N C H C
D C A L O V E A C T U A L L Y H
S H C N A H H L G M U V V C T A
P E T M E K T Z M B I B W U J R
W G H R Q G L L P M Y Q U X X L
L U E T O E O P A V Y C X R H I
J E L T O N J T A G Y N U I R E
H R A V N Y C X A H C H O X N S
R R S A Y B G U S G N Q L O L A
M I T X M Y H S J E U T I S L N
G L S B O O C Q B O N N L V P G
D L T F O C U S R C I I W R Q E
C A A L C V V Y K M O K T U P L
O U N I K N G X O M I V F J B S
G X D H I S R D H W E L Y E I P
```

BEN HUR
CHE, GUERRILLA
FOCUS
LOVE ACTUALLY
THE THIRTYTHREE

CHARLIE´S ANGELS
DOMINION
JANE GOT A GUN
THE LAST STAND

JEAN RENO

```
G K M D V W Ç Q Ñ J Ó E Ñ J V Ó
G E I Y I T Ó N C Î Ö L Z H T F
Ñ U S G À H I Ç M D J C R U S R
Ü Í I A Ý E K Ú B V Ï Ó O D Ú E
D È Ó C Î T G K W Q S D L X T N
I H N L P I X G O D Z I L L A C
K P I B B M W L E T Ç G E C D H
G L M N T E Í Ú R À S O R Ï Ü K
Ú D P A D N L É O N Ö D B Ú Y I
T B O S L N Ï Ý N R Ñ A A P Ý S
I Ó S W U T I U I H N V L D H S
Ï V I Ó Ý B A K N Z T I L N G E
B U B A E À W Ö I O R N T I Ï Í
Ï À L D Á F F A Ï T K C E P Ñ N
K I E Z N L P G Y È A I Q R S Ç
K L Z Z Q Ü V H B Î Q À L Á Ï V
```

EL CÓDIGO DA VINCI
GODZILLA
MISIÓN: IMPOSIBLE
ROLLERBALL
SUBWAY

FRENCH KISS
LÉON
NIKITA
RONIN
THE TIME

DANNY TREJO

```
W A N I M A L F A C T O R Y P G
R W D D V T W U N R L B L T Y B
C K Q T L J H S T B M T Y K J D
H D X I I M X E X M K P I Z W F
W R R E R L M U F E N Y B U O R
P A M A C H E T E L L O C K U P
E Y N C M M G V X R A J L R Z D
Y T O T J D V D C X D S H F L X
Z D C S E X D T U A Z H F Q L
B L O O D I N B L O O D O U T K
C F P M T B R E A K I N G B A D
I I R U N A W A Y T R A I N F Y
S M I L E Y F A C E X M E I D H
J S O N S O F A N A R C H Y R U
J E Z D E S P E R A D O D V E L
Q D U N W C Q L N F O L O X J F
```

ANIMAL FACTORY
BREAKING BAD
LOCK UP
RUNAWAY TRAIN
SONS OF ANARCHY
BLOOD IN BLOOD OUT
DESPERADO
MACHETE
SMILEY FACE
THE FLASH

GEORGE LÓPEZ

```
H B R E A D A N D R O S E S E U
I W È V L I O Ü E Y É V I K N Ï
T B Ü Ú G O R F È È Ö D U O Ú G
H I Ñ P È I S Y L V F D N Y E Q
E Ï Ö Q A Ó D P E U A F A Ï G J
S J I Ý Ö À M I I M J D Z Y M Í
P S P A R E P A R T S V R D H L
Y Q À Ü J R Ó A W E U U Q N B Y
N S O Ó F G M T N Î F F J Ý X G
E Ö M Ñ Ç B Ý I Z F R Î O G Ç V
X F U M Ó R T K O T Ö T Ó S V Ñ
T N X V E N Í S H A K E I T U P
D I G Ú E E L O A Ü S Ý X C Y Y
O Á G L S L Ö Ü Ü J O O Ñ V L M
O R A Ü A Ü F P É É O D J T F Z
R V S B J E À I M R Y V S Ç É E
```

BALLS OF FURY
LOS PITUFOS
RÍO
SPARE PARTS
VALENTINE´S DAY

BREAD AND ROSES
MARMADUKE
SHAKE IT UP
THE SPY NEXT DOOR

SOFÍA VERGARA

```
K R A N X B L D S M I D H N X Q
O K R W M E Z M E A K I Y O S T
M C K E T L L O L F P L W H I F
A F J S G S R K H A I T C K I O
C U B J M A T M P M T T J L N U
H V U O X P Y G A E A M H R T R
E F V I S T N F E W C J W P M B
T D B F L I N F Y G B O Z N J R
E O W F S R Y A C T D O X Y G O
K V T A E P B O G T S A U Q L T
I R H D P R S O U L P L A N E H
L C O A M Y S W H U R I C V H E
L M H H Y R U R D N H D C S S R
S B G T N E W Y E A R S E V E S
O U L W W L G T X H U W T R T D
Z D U K N M C W I L D C A R D Z
```

BAYWATCH
FOUR BROTHERS
MACHETE KILLS
NEW YEAR'S EVE
WILD CARD
CHASING PAPI
HAPPY FEET TWO
MODERN FAMILY
SOUL PLANE

PATRICIA VELÁSQUEZ

```
A V V V R M I N D H U N T E R S
W J V E U T T O Z B J O N R U A
M Q U W V G T B E O W U L F Q S
V A B X H C S I M I A M I I W A
D U G L Y B E T T Y H O L Q V N
I O H K Y P R G H C S S V R O T
G U V S R F Q Y X J G A Y P A T
T A Y D Z Z O L V Z E C U F U E
P S T P B W D U C M N T C L R Q
A A I V V R H R E A I M E V I L
L A M O M I A U C N G D D R E I
Y Z X K N T C A R D I C H K Y H
J Z H A Z S V U S F L A C R D F
Q X C N E O T K H M H E H F B F
Y U C R N Z M L O C Z X Y A Y A
F F E C E R U V K A V D K Q U F
```

BEOWULF
FIDEL
MINDHUNTERS
RESCUE ME
UGLY BETTY

CSI: MIAMI
LA MOMIA
NO VACANCY
TURN IT UP

EIZA GONZÁLEZ

```
T I Y G Z N M T P E B L D Y F C
A L I T A B A T T L E A N G E L
I L S J U Y J L U H I Q B E K D
H E H Q T O W T B N T M L B V A
Z Q E O K H X K F D C U O K H U
K D S L P Y E A D D M L O A O J
S S M V M A Y C M M R G D D I R
T H I N F D X M R E A Z S N T P
H U S U P C A X V O V T H L N S
U F S R N I L I J S O L O Q Q E
U L I V E N R X I Z H D T A P F
U A N G D D G B N Z I K S M L D
A I G J Y P F R O F L H A W C I
W Q J B C A S I T R E I N T A H
F I A C G H P Q O B G S P V M G
B B X N J W V Q Q D V M I P E X
```

ALITA: BATTLE ANGEL
BLOODSHOT
SHE´S MISSING

BABY DRIVER
CASI TREINTA
THE CROODS

Page 45

SALMA HAYEK

```
B T I M E C O D E R T L U V F M
V W J B B T M Y N D G O H W O B
T D S T S Y U W Z K R R N T O D
C W G T R Y Y W X V O B F W L U
H D I T Z A H H M D W M F A S I
A V E L E R F Y C Q N Q T C R O
I U O S D L Q F V Y U J Q E U W
N V G X P W Q Z I O P Q I V S L
O U R L C E I Y L C S T H F H U
F M C M Y D R L Y S W I E R I U
F M Y A A B U A D I L O N I N B
O K G R L R E E D W U U V D O X
O T P M D G Z T F O E D Q A F F
L F Y J O Q F N T Z W S S N S Z
S Q F A L N D S T Y J P T T M V
B V L I N W G P E D S J V D S O
```

CHAIN OF FOOLS
FOOLS RUSH IN
GROWN UPS
TRAFFIC
WILD WILD WEST

DESPERADO
FRIDA
TIMECODE
UGLY BETTY

MICHELLE RODRIGUEZ

```
9 B B G Z 0 U 7 A 6 C P N K T 6
F V A 8 F I 1 O E E I 6 K O 8 X
8 B T Q A 5 O G I R L F I G H T
I 4 T Y S M 1 F 1 A P P Z O U 8
2 6 L 2 T Y E R Y H S U L G N 3
O 2 E P A N 4 R T U I W 1 N N Q
W 0 L T N A A 6 I G A 9 A O M U
5 Q O 8 D 9 V B 1 C G V 7 T W F
O H S U F D A U L 0 A Y Z A 5 S
N 3 A 9 U W T L 1 U K N M 7 0 X
7 K N 9 R 8 A H O A E C D L Q P
0 K G 7 I 3 R B W S T C X A I 4
J X E T O G T 3 E 3 T B R V D K
X L L A U U 1 X K Z C 0 N U V E
8 P E Q S X P D P D O W Q O S L
X R S O 6 Z A X N Y 2 U R 8 6 H
```

AMERICAN DAD
BATTLE: LOS ANGELES
FAST AND FURIOUS 6
LOST

AVATAR
BLUE CRUSH
GIRLFIGHT
S.W.A.T.

ZOE SALDANA

```
Z P P O S V G E T O V E R I T Y
V B E I J D F O E B I W M N H Q
D E G V S M Q L A V G K Z N T Q
Y R N V C L Q L I D U D G C G I
W K O T L V G W O I E O I I E S
V F P S A A X W Z P S L H K H O
Z A W T E G W Z V Y S C U B T R
R S V S F M E A G X W E X A T B
A X R E T F A P N D H B R O A X
J U R V N A L R O D O W D F K A
G C X O J G R R Y I O J I X E X
J Y Z L F J E T A S N R C S R Y
N K F U E F B R R R B T D E S E
N A G C P M W O S E C A V E V J
I Z E B N S K R Q M K I B R R F
W Y L J T M C S F H A M F Y R O
```

AVENGERS
GUESS WHO
ROSEMARY'S BABY
TAKERS
GET OVER IT
LAW AND ORDER
STAR TREK
VENTAGE POINT

DIEGO BONETA

```
Y D O E R U P H Y I N M L I K L
E O I N K X J R J S A L W D R R
I S I O X N O V O I A R E T E N
H H O V N M C S L F O Y T H I T
D H D P I Y N D I T O M T G T L
V I O K V O H E A L W U R L L O
F Q H F I Y R N P U L I E E X J
K M S S E O I M P D V U U T L V
R I I H F M E Z N E J G E N L P
M M B E R R L A H L I D C J B P
X D B E E K E T N M L S U S V P
C I T D B K E E S E T F P Q S P
J M N B E N C I B P J E I Q W Y
G U P Z A A U E G S V C P W V T
S V V J D L R H U J J H Y Y X Z
L X S C R E A M Q U E E N S L B
```

BEFORE I FALL
LUIS MIGUEL
REBELDE
TERMINATOR
ZEKE AND LUTHER

JANE THE VIRGIN
MISION S.O.S.
SCREAM QUEENS
UNDEREMPLOYED

Page 49

EVA LONGORIA

```
B Ó Ü Ç S J Ï E M K W L R I C Ü
N Ü N P S D Z Ñ F S S É I Z J U
H O T A N D B O T H E R E D È F
Ý O À G M Ö Ú N D S R Á I S F Z
V Ñ Y È Ü R F F M C Q Ó K X N Ç
V Ö É L N Ý C Ó P N N Ú O T H È
Ï Ú À D W J O H N W I C K Q M L
N Ú T O A G L Ö O V E R B O A D
Ü O V E R H E R D E A D B O D Y
T H E H E A R T B R E A K K I D
À X C R É Í G Ö P L Á D Q C Ó Q
À W A L L S T A R W E E K E N D
Y Z R V Ó Ó U S E P Í K Z R X Ý
T H E S E N T I N E L Ó U Ý Ü Ó
W G E N E R A L H O S P I T A L
E N L A T U Y A O E N L A M Í A
```

ALL-STAR WEEKEND
GENERAL HOSPITAL
JOHN WICK
OVERBOAD
THE SENTINEL

EN LA TUYA O EN LA MÍA
HOT AND BOTHERED
OVER HER DEAD BODY
THE HEARTBREAK KID

Page 50

EVA MENDES

```
D T H E W E N D E L L B A K E R
M L O U T O F T I M E O Y X S
C G J U P N C B R G Y A T Y L P
N H L P Z M S G U N D V H V U Y
X O L Y Y O W D J G R L E I S J
O S N L F L H P N H G A O Y E K
E T O J Z E K I C O M S T B G C
F R F Y O M N T F U F T H D U Z
P I W Y Y I I Q D W I N E P F V
G D I T A H C J O D O I R U P I
H E H R Q L B M S E S G G H D J
Z R T X U I S Y P X C H U Z L P
E Z S U X R J R P M Q T Y F Q H
C F P D O R E X E H O S S V X E
V K O W E O W N T H E N I G H T
F S W O G K W W Y A Z P E C E C
```

GHOST RIDER
LAST NIGHT
THE OTHER GUYS
TRAINING DAY

HITCH
OUT OF TIME
THE WENDELL BAKER
WE OWN THE NIGHT

ROSARIO DAWSON

```
V D T H E M A N D A L O R I A N
G U B W W O N D E R W O M A N U
U R N C H V P S A V L O R G F B
U H M S J D T J D R G M X R S I
T P C J T E A Y Y X E P G A C B
H R A H V O S Y J P N D H Z B G
E I M M Q T P S E K E M E G I S
D S Q E I A N P I G C I Q V G F
E P I M E R A S A C N F N M I L
F K N W L U O C I B A V K W K L
E S T N N S E N F N L J Y V J K
N L U Y E K V P F Y C E O E X B
D R B D U A T I P I J I G N E B
E T V L L O G X Z Q S Y T Y E K
R R V C A Q K C K U N T Q Y F S
S Q I Q I P L E O O W M S H W S
```

DAREDEVIL
JESSICA JONES
SIN CITY
THE MANDALORIAN
WONDER WOMAN

IRON FIST
LUKE CAGE
THE DEFENDERS
UNSTOPPABLE

Page 52

LUIS GUZMÁN

```
R W C B O O G I E N I G H T S Q
C N O P I C N I C M F M V W E R
T H E B O N E C O L L E C T O R
K R T U O Y S D V Y T E Y K K B
A H H B M O T T H R A N E M O O
J Z E L E V V H O T K E P Y F S
H V H A A R N Q H N H Z A R E D
L A A C T P X B B L E W W Y Q Y
A W R K R V X C N B S W E L O D
X T D R L B C W S O F E A Q K J
W Y W A F V O M T D K U W L B E
D C A I B S L I E A Q T T O L Y
R V Y N E W L B N C L B V L J Z
V T N P D R L S F A G R L D Z X
R X J T A Q T K L H A C E F P S
Q T X C Y Y J T D P I T Q U S Y
```

BLACK RAIN
CARLITO´S WAY
SNAKE EYES
THE BONE COLLECTOR

BOOGIE NIGHTS
NO PICNIC
STONEWALL
THE HARD WAY

MORENA BACCARIN

```
V H T L J C Z J G S E H H P J K
D S K T H Y X U K V A S H U T T
S E R E N I T Y X Q A A R J H L
S B A B G N K E E L C V N H E A
Z Q J D M J T L F E C J A O M S
F L N X P O A E B T Q O L M E V
B D X C M O H U J H F B L E N E
B P D I F T O O J E Y S Y L T G
R Q T U M K H L V G N J P A A A
R I Y H E K N G G O N A J N L S
V S T H E O E T O O E U B D I Q
P A P Z G O B P T D U G Y L S U
C L S B J B C I H W G Q G G T I
S A R Z O X W E A I Z J Y B L X
N N N T Y T F U M F Q M Z S K E
P N D A Z B X Z E E O H B L T G
```

DEADPOOL
HOMELAND
SERENITY
THE GOOD WIFE
THE O.C.

GOTHAM
LAS VEGAS
THE FLASH
THE MENTALIST

Page 54

ROSELYN SANCHEZ

```
Y P A F Y G N O A A I O J P V L
F F X S Y T D A A Y E G E B E T
D Q E P T M H O K M J E O T T Q
E Q J B E H K E T Y T A O X F U
V N A T E I E C G N Y H H A R E
I A B P X B K W B A D R I I N S
O S U M E N O V O N M J N R R N
U H W Z H V I B A R I E G Q O V
S B V E N R D R T M L B P R B Q
M R R P H I G W T K Q T N L J P
A I F Y P U H X R T F I I W A H
I D X A A F K G I N A Y C M H N
D G A G M O V T P T I Z B U E P
S E C O T E O P P R V G F S M X
K S B R T D L A V Q K T S Q P K
C T M B L K C A V Y C Y K M X U
```

AS THE WORL TIME
CAPTAIN RON
FAME L.A.
NASH BRIDGES

BOAT TRIP
DEVIOUS MAIDS
GRAND HOTEL
THE GAME PLAN

Page 55

JESSICA ALBA

```
M W I O Ñ S Í Ï S I O H I S N A
I Z B Q Ï Ü Î À P J B F N Ñ O T
V L S Ý Á O È Ç Ú D F Ñ M Ï V D
I Q Ö Z Ç J W X Ñ W L M E Ç I Ú
D Ç V M Y Ü R E M D É A R Á O X
A K O O C Ú Î Ç X Ñ Ñ C S Ý P J
E H U S I N C I T Y Î G I Î O È
S A O V E J S À Ö Í G G Ó Z R Ç
U Ï Q N T H E E Y E Ó L N É U Ö
N M Ñ D E S P I E R T O L W N A
A T N Ñ X Y K X Q Î Ú Ñ E Í A E
R W L Ç R È Ç R F V É J T X N Ú
U P P U R F D É Ü Y Ú Á A O O F
I P Î J Ó J Ç Î Ý G Ö Q L R C Ý
N J M V O D L À Ü Y S J S N H S
A Ç Î J F Á V V É T P W Ü É E F
```

DESPIERTO
INMERSIÓN LETAL
NOVIO POR UNA NOCHE
SIN CITY
HONEY
MI VIDA ES UNA RUINA
THE EYE

SHAKIRA

```
W Ç Í H V D D O P N A P X R F
D H J W F Á H K A C T I É È E G
Á Ç E F D G À K É E J U Î L Î G
È I H N B J A E L Í A L B B E I
À Ú P L E W À C Ó R È A C I Y R
L Ú L G A V I M U C T Í L Á A L
Í S L K Y C E T Á I I T S Í C L
D E A J I O R R V Y N Y G Á H I
Ñ W Á B M O P E W O I O B Ú A K
P P A C T E N Í D H L X K K N E
U L M A Ú I G S S O E Ï Ú O T M
L L L Ú Î V P U T F Á N S B A E
I E Ú A Q I Ú N S V À Ý E Ü J L
J S W Ï H S A B Q T I K Y V E Ç
R I Ï K M Ú R Á L E A Ö I Y E P
J S U É Ú Î O È A K U B Ç F J R
```

ANTOLOGÍA
GIRL LIKE ME
INEVITABLE
LA TORTURA
WAKA WAKA

CHANTAJE
HIPS DON´T LIE
LA BICICLETA
ME GUSTA
WHENEVER, WHENEVER

RUBÉN BLADES

```
Ö T V P Ú Z À Ý K E À B D È K Z
Ï M E W E Y H À J Ü Q S Q V Y Y
I À I E M D U W V J D V Ö Z V Ç
Ç G D R S A R B A X Y À H E N Á
L Î K E F T Î O O S I E M B R A
Ú Ç A K C À Á C N B V N X Ñ Í Ç
É É Í M Z I I N Ï A Ó B X G Ç F
H F V K A T S Ó B R V Ç P Î Á H
Ç U U À S N T I U U W A S S T Ý
Ï Ü F Á J F U B O O S V J U R C
E E L Y F Î I E Ú N J C Ñ A C Ý
W P Î P K T À R L E E Ý A T X Ç
Ú I À K K C T H O A K S Á N V J
Ü N O E S T Á S S O L O H Ñ D Ï
C A M O R Y C O N T R O L Ý X O
C A N C I Ó N P A R A R U B É N
```

AMOR Y CONTROL
DECISIONES
NO ESTÁS SOLO
PLÁSTICO
TE ESTÁN BUSCANDO

CANCIÓN PARA RUBÉN
MANUELA
PEDRO NAVAJA
SIEMBRA
TIBURÓN

RICKY MARTIN

```
E L Ú L T I M O A D I Ó S À L À
Á Y U A O É À Ö H Ú Î R E Ü I J
L B X H Ç G R Á C Í W E G Ó V Ú
Ý L Á A Î V Q Ç A B Ç C Q G I K
L A M O R D I D I T A U I O N G
À T K S T F X Ý V O X E Ï L É
P I S À Î È Z K A D R R B V A K
È B C T L Í R J F O E D T M V À
X U V U E L V E M U P O K G I Í
M R È R Y È L A C Ú Á Á M K D É
U O G Ü Î N A E C Y G Q F È A O
Í N Î V Ý T R À É Ó L Î Y Y L D
Q E Ü Ç L U B A Ï X Ü Q V D O B
I S M A T J É Ï O R Ñ F H I C S
S L F G N G V E N T E P A C A S
T I B U R O N E S Ñ È E H C A I
```

EL ÚLTIMO ADIÓS
LA MORDIDITA
RECUERDO
TU RECUERDO
VUELVE

FALTA AMOR
LIVIN' LA VIDA LOCA
TIBURONES
VENTE PA' CA

LUIS MIGUEL

```
J E R O P Z É Ý W Í O Á C P P N
À S B K Ï D P S Ü Ö G Ú E L H Î
O S I Ü T Í S À G F B Ú P A Í Ý
W X A B X Ç È U R I Ï R M I W L
C B I B S Y N Á A J W O Ö N F A
E U S P E T R R D V K K È C I M
Á N L G Ó S M C C Y E D G O X E
I Ü J P R I U X S Ñ Ï Î E N M D
Ö C Z N A W È N Ï S Ó N Ï D W I
Î G F Ý O B J I A M M T Ï I T A
Z A S K Á S L Ý G C Ü Q U C H V
R Ö X Ü M Y E E Ç A O Ý C I U U
K L T Ú X È Î T O B H S W O E E
L Î S E W D Ü D Ú N Á É A N S L
Î Ç Á R N Ü À Ç P B O Ý T A Ï T
Ñ È L Z P W É E O W E R O L W A
```

CULPABLE O NO
LA MEDIA VUELTA
SABES UNA COSA
LA INCONDICIONAL
NO SE TÚ
SUAVE

JOSE JOSE

```
S S I M E D E J A S A H O R A Ç
Ö N C E L Ú L T I M O A D I Ó S
N Ö N Z Ç R Z Q Ó C Ñ F P Ö J G
E E L T R I S T E Y É A U Ü A A
N L A H D Í X N S X C L Z E B V
F W A L Z Ü G C Î Ç Y O S E I I
Ñ È Ñ M M D U S Á L Ö D Ç É F L
S I Ç O A O Y Í N D Y U L V Ó Á
Z A L È J R H J L K L D R O Y N
Y F Ó C Y R Y A G L É O X L U O
I P M O Ç L Á Q D Ñ L D Y C G P
I Ñ F D É S R Í U A V Y Ö Á Z A
Ú Q G O O À Ñ Ñ S E Ï P Ö N Í L
W M K J Ç N J È J E R N Á M K O
U H N Á G U Í Ç O Q Ú E B Á F M
F S W R Ý G T Í G U D É R B Í A
```

ALMOHADA
EL TRISTE
GAVILÁN O PALOMA
SI ME DEJAS AHORA

EL AMAR Y QUERER
EL ÚLTIMO ADIÓS
LO DUDO
VOLCÁN

VIOLETA PARRA

```
T M É B P Ñ É E R H O D M R G G
Á I L À S U Z L À È W C Î Í E A
Í R Ñ A Á F F L T T Ç Ú È É D M
À E U É J É Ó S U I U T È I Ï Í
Á N Ñ Ú U A D Î M Í Ý Ñ V X J A
Ý C K À Ú F R Í R Ö A A P R A Q
X Ó C D Ñ Î Ú D N Q L Ú Î Ö T Y
T M F O R I Ö Ñ I A H O Ñ E G Z
K O M U È E B G S N Z N Ó Ö N M
F S S S L J O A Ö É E À Ü U Á Ö
A O O Q J A I X H Ó Ü R Z M E Y
É N J O M C C Ñ Á Ý O Ó A É G Ý
Á R A Ú A K S A I H D H É K G F
O Í B R J U K Í R S W H J L X V
N E G S D Î Ý N B T Ï U Ý Ö V Y
Z N C I W Ý H À X C A À W R T É
```

GRACIAS A LA VIDA   LA CARTA
LA JARDINERA   MIREN CÓMO SONRÍEN

RICARDO ARJONA

```
Y Ï Ö E P Á D À U Í X A M N K Î
H Ï Y L Ó A É X V W C E Ú Î A R
I K M A É Ó X D Ç I G T L T V Á
S J Î M X C Ï Ü E S E I Ü L P G
T T Î O U J F D E T D V É N A Q
O V H R U M Á R S Ü Ú K D W E F
R Ü H Q U W E I U Ï È Ü D Á L D
I Ó M U E J U H T Á Ï B X I P I
A Z Y E U F M D Ñ Ú Ç M A U R Ü
D N Q M F D À Ñ F U Z B L S O F
E Í M E M I N U T O S C Á Ó B H
T X N T V G Í C Ó M O D U E L E
A Á Y E R Y G Í U F É À Ý Y E D
X Ñ M N X Í F B Î J S Î C W M O
I X G Í Ó O X À Í È O M U Ó A V
B R Î A F Ï R À X I Ö U Ý M Ö Í
```

CÓMO DUELE
EL PROBLEMA
FUISTE TÚ
MINUTOS

EL AMOR QUE ME TENÍA
ELLA
HISTORIA DE TAXI
MUJERES

PLACIDO DOMINGO

```
L B Y Ü C E S F E W G Q A S P Ü
A Á É I Ý Ú P È Y Ç G Ú S F E Ú
F O P O S O L E M Í O Ó Ç A R G
L Ó U P P Ï O L N L K J F L H O
O I E L W Ç É C P Ý S C G L A Ý
R Ú D V A E Î B A M A S Ú A P H
D S E É K T A Ü O R E Ó Ó S S R
E E S U Ü D R Ý R Y M B Î T L Í
L N L Í È Ñ M A E Ý W E Z E O T
A N L T G S Ç H V A G C N C V I
C V E U J M S Á Ú I R Í D O E H
A Í G Ý I I A Y C Í A É I R T Ï
N X A E N I Í U I W N T Q A G Ó
E G R A H J Ú J X C A K A Z P M
L Î P Í N Ý V Ï F Y D G W Ó T B
A S È C Ú Z É P Ý W A N K N Ç Í
```

CARMEN
GRANADA
LA TRAVIATA
PERHAPS LOVE
SPANISH EYES
FALLASTE CORAZÓN
LA FLOR DE LA CANELA
O SOLE MÍO
PUEDES LLEGAR

MERCEDES SOSA

```
Ç G R A C I A S A L A V I D A D
A W C O M O L A C I G A R R A A
L I Ý R L Ñ N O F F J U È C I H
F X Ó Ü A X I Í W Ï K G F B Ï Ü
O À Ç Z M Z G X Ó X Í Ý M L Í Z
N M V N A R Ó Î Ñ É V A G G É O
S Ü Y Á Z J G N O X C Ï À B Ý G
I Ñ D C A Y Ó T D O X K K Á Y D
N C P D Ü Ü H D E M T Ç À Î N
A R X S Ó Í Ö O E É V C Q N X Ç
Y À Y Ú È Z T R Q F T I Ñ Ú Ü M
E U Ó W H H Z Z Z G H È V G Ú D
L Ï Ó V E À D T Ý Ö G Î Ó I H J
M E B A R R O T A L V E Z F R G
A S Ó L O L E P I D O A D I O S
R Z O N A D E P R O M E S A S R
```

ALFONSINA Y EL MAR
COMO LA CIGARRA
LA MAZA
SÓLO LE PIDO A DIOS
ZONA DE PROMESAS

BARRO TAL VEZ
GRACIAS A LA VIDA
RAZÓN DE VIVIR
TODO CAMBIA

ROCIO DURCAL

```
N É X T È W J Ü C C Ü Z É Á Ö C
U D M E G U S T A S M U C H O O
Z É C G H T J C À Ñ Ý Í R U V S
V J F P E É É Q Ý K O A F K J T
Î A Á Z U L Á È N N S J D O R U
N M Ñ E F Y D H R A E B D E I M
À E H C Ç K I E P Ú Ç D J Á À B
H V A Á Ó W T Í S À R U Ç G T R
Ý I Ü M S E V Q H T M Z T M Ý E
À V J Í R O L G N U I Ú È S Ü S
Í I R O L N Ñ Ó T Î H N R Ü P É
À R M Y P U Q O Ï E Q N O Î Z N
Z A O Á Ý G M Q Z A G Ï N Ó Ñ J
C H À Í Á O Ï Í Ö Ü D Ü Q Y B S
T X F Ö C Î Ñ Ï J A Î E Á N I D
I E Ç Î Ï Z T Y M J Ç Í M È W À
```

AMOR ETERNO
COSTUMBRES
EL DESTINO
ME GUSTAS MUCHO
COMO TU MUJER
DÉJAME VIVIR
HOY LO VÍ PASAR

CHRISTINA AGUILERA

```
K F T A G V M Z Z Q L X O N O R
Q A I K I P H N X I L K S W M D
R E L U L T I M O A D I O S S L
E H H W V O O S M T L C Z L J T
F L A D Y M A R M A L A D E Z R
L C K G M O Y X B Z D O Q J B D
E W S A Y S O M E T H I N G I G
C Y K S A V N W F G L S R O R T
T F E A J M N B D I N C H U P J
I Z B Z N U M U T R G V U F K G
O B E A U T U F U L R H R W M Y
N O G E N I E I N A B O T T L E
I V G T C R R M W A F U S E E W
J N L I A X D E Z R Z S S W R N
O U B E D I R T Y J K J I Y D H
L O Y A L B R A V E T R U E T I
```

BEAUTUFUL
EL ULTIMO ADIOS
GENIE IN A BOTTLE
LADY MARMALADE
REFLECTION

DIRTY
FIGHTER
HURT
LOYAL BRAVE TRUE
SAY SOMETHING

Page 67

JAVIER SOLIS

```
E  N  M  I  V  I  E  J  O  S  A  N  J  U  A  N
Y  D  Ñ  Î  E  N  T  R  E  G  A  T  O  T  A  L
N  Ö  M  E  D  I  A  V  U  E  L  T  A  P  X  Ý
N  K  Ö  F  Q  P  Ó  I  S  T  Y  R  B  À  I  K
G  R  P  O  O  P  Î  X  K  Ü  F  E  Ý  J  I  Ú
N  È  E  S  Y  H  A  M  X  Ó  T  S  É  E  I  I
É  É  Ü  N  M  È  D  Y  A  J  G  P  E  S  S  F
Ú  J  J  Q  U  M  C  Z  A  Î  É  A  N  C  O  Á
T  E  L  L  O  C  O  P  V  S  I  L  T  L  M  K
Ç  I  C  B  C  Ý  I  E  I  Î  O  A  U  A  B  F
Z  Ó  Ï  I  C  G  L  A  N  Q  O  B  P  V  R  X
Ü  À  Î  Î  B  Ý  R  J  C  Ñ  Q  R  E  O  A  Í
H  B  W  F  Ï  V  O  E  I  L  A  L  Y  S  X
O  É  R  G  Î  V  Ú  N  P  Ö  Ó  S  O  A  N  Ï
T  Ú  Ç  Ï  N  K  F  Ú  È  Á  Ç  N  Ý  M  N  É
J  S  Y  Ç  M  V  X  Ñ  X  C  R  P  Í  O  T  U
```

EL LOCO
EN TU PELO
ESCLAVO Y AMO
PAYASO
SOMBRAS

EN MI VIEJO SAN JUAN
ENTREGA TOTAL
MEDIA VUELTA
RENUCIACIÓN
TRES PALABRAS

THALIA

```
T Ñ D E S D E E S A N O C H E P
E N H À P Ï Ü Ö I Ç R T C G L C
P N N N Q I I N Ý J O É B B P O
E T O O X O E B Q U J Ç Ú L R L
R H M M X C Ó L Z N T L Á F O O
D M E E C T T P M D B P Ý U X R
I G A E Ý S I T Z O P J E Ñ I E
S L C N Ý N C T L N R A D À M S
T H U S P A K E Ñ Ö E E É R O P
E L E E I Z T Ç A M Ñ L N L V E
M Z R Ñ E I O Ü G W Ö H O A I R
I Ý D A Z M C Î Ü H B Ñ N Î E A
A P O S L T K Î Ó Ñ Ú À K I R N
M H B T Ï K J L X Ö Ü V Ñ V N Z
O É N E B R V Ú B A W Ç N N E A
R Ö E L U L T I M O A D I O S C
```

COLOR ESPERANZA
EL PROXIMO VIERNES
NO ME ACUERDO
PIEL MORENA
TICK TOCK

DESDE ESA NOCHE
EL ULTIMO ADIOS
NO ME ENSEÑASTE
TE PERDISTE MI AMOR

LUIS FONSI

```
T À Z L Ü Ü Ú É L Ú B Ú A S L S
Ü Z Ý Ñ L G Ó B Ñ I E P Ï Ý Q B
S V D C Á E È L E L L Ï Ó J N Î
Ç D A L Ï V G Q Ó U G Í D A Ï F
T Ï Ú Ó V I W A C H O Ü P Y É Ü
È O R È À Ú O A S Y T Î È O Ý T
À P Z K Y Á L A Y T O A Ç O J Q
K G V N L E T O I W E Z N U Z Q
K D Ý T M C T L L Á É T Ï T L V
B F F A E S Á Ü U À À T Ú H O Í
Ï K H F E D E S P A C I T O Á S
Ý C R Í D A T E L A V U E L T A
É E U F É B Á H K X N S Ç S M Á
P Q E P M O X O T W S Y D É K V
A Ó I M P O S I B L E Z È W Ö A
T O D O L O Q U E T E N G O X Á
```

AQUÍ ESTOY YO
DESPACITO
IMPOSIBLE
PERFECTA
TODO LO QUE TENGO

DATE LA VUELTA
ÉCHAME LA CULPA
LLEGASTE TÚ
TANTO

JENNIFER LOPEZ

```
À C Í O Q Y G M I Y R À Ç P Ö Z
Á Ý È F F K É C B N A S Á Q J U
Ý W O R R Y N O M O R E Y T S Ú
F G D A N C E A G A I N É H O Ý
P M È J E M O T I O N S Î O G I
L E T S G E T L O U D K À Z T Ç
Ü Ï Ö O B A R C S Á O J C A S S
Ï T Î Q B Î T É Ý Ú B Q P I D Í
Ï Í E L Ú L T I M O A D I Ó S I
É M N O N T H E F L O O R J Ó L
Y Ï À I N T H E M O R N I N G Y
M Z Q Á Ö J Á M W G W E Ç Q M Y
Í B E H Ç Ö É C Ö B C Ï J Q V F
F Q Ý Î Á Á À A Ý Z X K I P R P
Y Ï E W A I N T Y O U R M A M A
C U I P I Q Ó À U X L É D W Y Ñ
```

AIN´T YOUR MAMA
EL ÚLTIMO ADIÓS
IN THE MORNING
ON THE FLOOR
WORRY NO MORE

DANCE AGAIN
EMOTIONS
LET´S GET LOUD
PA-TI

JORGE NEGRETE

Ú	R	Y	V	À	Y	Í	K	G	A	P	C	H	W	F
U	P	Ý	Ú	È	M	F	Ú	R	È	Ñ	G	A	Ü	B	À
M	É	P	Î	D	Í	É	Q	Í	Q	N	E	G	D	Ñ	Q
K	K	L	A	S	G	È	X	Z	Q	L	O	W	N	É	Á
É	Ý	V	A	L	H	P	P	I	A	Ö	Ú	I	Q	T	B
K	S	S	Z	Q	O	Î	X	Z	C	N	K	R	Ú	R	U
B	R	E	S	Í	U	M	A	K	Ú	O	S	É	Ú	R	T
Q	B	Ö	R	L	M	E	A	E	V	Q	L	C	I	P	F
Ú	C	Á	M	E	D	T	S	Q	É	P	V	I	É	Ú	N
V	D	P	F	R	N	S	E	E	U	G	J	F	N	Y	D
M	Ú	Ö	O	A	B	A	Z	É	F	E	C	L	E	D	K
S	Z	L	Ó	O	W	É	T	E	É	U	R	È	Z	D	O
C	F	V	W	J	T	V	T	A	O	Á	E	I	G	V	J
W	Ú	G	Ï	E	E	H	Ú	Ç	H	N	A	X	D	Ó	T
G	Ñ	E	V	L	X	Q	S	Ñ	Y	B	E	A	É	A	B
B	Î	Y	O	S	O	Y	M	E	X	I	C	A	N	O	À

FLOR DE AZALEA
MÉXICO LINDO
SERENATA
LA QUE SE FUE
PALOMA QUERIDA
YO SOY MEXICANO

SELENA GÓMEZ

```
W V O V H H P U F R X J U B B C
L O M H E D A O J G Y D M D X Q
O F L R B A I L A C O N M I G O
S W A V S B E D P H E X P K Y A
E R N D E L A G J X H D B K L P
Y R N G M S W C F H U S Q M A Y
O J C R D G T B K C X D X Y S L
U A M Q C G W A P T R D A I S Z
T D M I E J D H K D O G C W S H
O E X T R J U B Q I T Y U Q Y O
L U R A K K E D K P T C O F S T
O N I I H H Z Z S N Y A K U D C
V A V N P A S T L I F E K M N V
E V Y T S K D Y V Q X D S I W T
M E B M I C E C R E A M P D N N
E Z Q E X O S I A I Z Z Q K J P
```

BACK TO YOU
DE UNA VEZ
IT AIN´T ME
PAST LIFE
TAKI TAKI

BAILA CONMIGO
ICE CREAM
LOSE YOU TO LOVE ME
RARE
WOLVES

Page 73

VICENTE FERNÁNDEZ

```
P Ó W Î L À Ý M I U F S M R Ý V
O Q H A Ó Í Ç Ü Q È À N E F L M
R Ú G S Ö Î C Z Ï R Q V A Ç A U
T H P D Ï K R B Î D L Ú C Z D J
I Ç E H Q J W Y T O V Í A Ñ I E
M X O R Ó D I A V Î H D E X F R
A Ü E Ç M Z Ý R Ï È Á Q N W E E
L S Ö S F O E Í A G U À T Ó R S
D R Ü Á T V S B W Ö Ü B R S E D
I Î U O L O I O T Í W I E Ï N I
T Ñ W O M Z S Ñ C É M V N E C V
O P V É Y A É C Î A S N O L I I
A I Q P E A A X E K R E S R A N
M Ï H F Y Ú E Ú O L O I C E N A
O N R È F É Ñ Ü W R O Ç Ñ Y Ó S
R J P Î À Y V B Î É V S J O Ý Ç
```

ACA ENTRE NOS
ESTOS CELOS
LA DIFERENCIA
POR TI MALDITO AMOR
EL REY
HERMOSO CARIÑO
MUJERES DIVINAS
VOLVER VOLVER

GLORIA ESTEFAN

```
A W E A R E T H E W O R L D D O
J E Ö F Z W L Ö W A Ñ N F Ö O T
V E N U Á Í Z V Ú Ç Ó S P Ï N È
D Z L E C O N G A È Ü Í Ý M T I
Á Í Ñ Ú L Ü G J Ñ È E Ç Ï Î W M
Á Q Ú Y L J P V J T X W G Ý A T
K É O L B T A C Q Á U L À K N Ö
P H À L K M I R Y Ñ Q E Ý P N A
Á G R A Ó I M M D Í K A H R A C
U Î È B B T X L O Í Ó N W Ñ L H
V O À Y O I É È E A N Q E Ö O U
Ú I Á V W E K K D P D F P T S Q
A Ú F Í O R B C Í Q Y I A Ï E B
U Î R P N R E Y Ü Í Y Ö Ó C Y Ó
J Q Z K Ü A O À À S P E Ç S O D
J H Ö R Ý K B V G R Ç Ý E K U E
```

CONGA
DON´T WANNA LOSE YOU
EL ÚLTIMO ADIÓS EN EL JARDÍN
HOY MI TIERRA
WE ARE THE WORLD WEPA

JUANES

```
È B E S O S E N G U E R R A Ú O
T X B V A D I O S L E P I D O Ï
X Ü F O T O G R A F Í A Í H R Y
S Q F D T E C Ú Ï K U Á Í Y L S
H Ü F E Q N Ñ Y J X R O Ú V A I
Ó P J V S F O X Z Ý Ñ Ï Y E C F
Z U A Ç Ó P L Ý Ü É L À V É A U
T Î Ñ R X E O V È L Á Ç À É M E
K Z Î N A È A R Ñ B Í Ü Ó Í I R
I I Í M N T E Ñ T Ó M T M É S A
È H Ú F É Á U B W I O E Ó A A E
L J À Z R A W A W N Ó Q O Ó N L
Ñ P Ú X Á Á Ü G M Ó G U Ü R E L
Ü E C U A H Ý U B O N I T A G A
X Ü G I N N Y C Z X R L Ö E R A
Á A Î H T Ü Ö Ï P Á O A À Ï A S
```

A DIOS LE PIDO
BONITA
FOTOGRAFÍA
PARA TU AMOR
Y ¿SI FUERA ELLA?

BESOS EN GUERRA
ES POR TI
LA CAMISA NEGRA
TEQUILA

ANA GABRIEL

Î	E	F	Ú	G	V	Ú	N	Í	H	F	Í	Î	E	À	Ý
À	Ö	C	S	Á	A	Ú	G	R	Î	S	Y	À	L	U	Í
Y	Á	T	J	N	M	A	B	Á	A	O	C	D	Ú	Á	X
G	Ü	O	U	Í	E	K	A	I	T	Ú	Ü	R	L	V	Ç
L	U	L	Ó	É	Ö	Z	C	S	C	Í	Z	L	T	J	M
W	Ý	N	H	Ï	S	N	E	A	U	W	Z	R	I	D	A
C	S	K	D	T	E	Í	À	Y	Q	Z	Ý	Z	M	Ú	J
Ö	E	È	Î	D	U	J	Y	A	Î	N	G	X	O	P	Q
Î	J	C	I	Q	È	W	È	M	Ó	Ý	G	À	A	W	A
Z	I	V	A	T	I	L	Ï	O	T	F	L	E	D	Á	Ö
Y	E	Y	Ó	R	Q	Q	Î	R	Í	I	M	Y	I	M	Ý
A	P	Q	U	I	É	N	C	O	M	O	T	Ú	Ó	U	D
Ö	W	Ñ	L	R	É	Ï	U	D	V	Y	H	Ö	S	Á	A
E	S	D	E	M	A	S	I	A	D	O	T	A	R	D	E
B	O	Ñ	N	C	O	S	A	S	D	E	L	A	M	O	R
G	T	Ú	L	O	D	E	C	I	D	I	S	T	E	V	P

AY AMOR
EL ÚLTIMO ADIÓS
EVIDENCIAS
QUIÉN COMO TÚ
Y AQUÍ ESTOY

COSAS DEL AMOR
ES DEMASIADO TARDE
LUNA
TÚ LO DECIDISTE

JULIO IGLESIAS

W	F	Ç	K	È	É	G	U	R	G	I	È	Ï	Y	J	P
Z	E	Ó	D	U	Y	L	L	I	X	L	É	E	S	H	M
É	Ö	D	G	E	L	Á	C	P	A	Î	H	X	G	U	E
C	Ï	I	P	L	N	Ú	Z	A	M	C	W	W	Q	B	O
Ó	À	M	M	E	Ç	I	V	U	Ñ	A	B	À	Î	Ç	L
C	Ï	Á	Ü	E	M	E	Ñ	È	Q	Á	B	Á	H	N	V
È	W	T	Ü	Í	M	R	H	A	H	Ö	Ü	W	J	Ç	I
R	Z	H	Ñ	A	M	G	Ü	Q	A	Ö	I	Ï	È	Í	D
T	T	W	V	Q	Ý	L	L	M	Ç	M	L	N	G	F	E
M	R	E	Î	U	U	È	M	O	Z	L	U	Á	K	J	D
N	M	G	X	I	Ó	X	R	E	À	Ý	K	J	W	Ö	E
E	Ü	U	J	E	B	Z	Ñ	Ü	È	M	Ý	É	E	À	V
Á	Ó	V	V	R	Ü	Í	G	D	R	K	O	J	Ö	R	I
N	O	H	É	O	P	Ç	G	G	S	G	Ó	Ï	Í	À	V
L	O	M	E	J	O	R	D	E	T	U	V	I	D	A	I
É	I	Ó	I	H	Z	Ñ	F	Y	Ó	F	H	F	Y	G	R

DE NIÑA A MUJER
LO MEJOR DE TU VIDA
ME VA. ME VA

HEY
ME OLVIDE DE VIVIR
QUIERO

SILVIO RODRIGUEZ

```
Ó S A K À B R H Y J Ý U A K V Ü
T X N G Z B Ç W D J Y L P P V C
E Q G Í W É K C Ú V R M T Á F Á
D U E L N E C I O Ï É Ñ L Ñ G G
O I L V Y S Ç Í Á Z Ü A T É R D
Y É P I Ü F W Ü G È J S O Q Á Ü
U N Ç J Ñ R U L O V E Ü Ñ È M
N F R I Ç F F N J A F L S Q B O
A U A J F G Á I F Í M Ç R Y W Ñ
C E U P E N Ú C É U Î A Ö Í É Ü
A R N E S Î R O W Î Y K Z G N È
N A F À H Ó Ç R A A X H X A V S
C Á I G M À Ó N Y V O O M Ó L À
I C N Ñ Ü Y Ç I Z Y L Í Ö À B Ñ
Ó C A D Á H E O Á S L B Á Î Ç L
N F L H W W C Ç Z Ñ L M Î A Ñ È
```

ANGEL PARA UN FINAL
LA MAZA
QUIÉN FUERA
UNICORNIO
EL NECIO
OJALÁ
TE DOY UNA CANCIÓN

MARC ANTHONY

```
É Z O Ü X L É Ú R Ö Î È À T K R
X P A R E C E N V I E R N E S Ï
Q Ú B L V Ñ F J S É Ó É É Q Ç L
Ü Í U Ï O B J G J P Ñ I À Ú W T
S T A V I V I R M I V I D A Í O
Ï Q D M X B T Ú Á Î Ó Q À C Ú N
U Z S N W F L O R P Á L I D A J
L X D Ü Á É O Z D P R N I E A Î
S J S T O U F G M D I À R I Ú Ï
K Ý G B W D Ç É Î I J T È C À E
Y C Ó M O E S É L M Ö I Á F V E
Ý I Ö Î T Î E S T Á R I C O P P
T U A M O R M E H A C E B I E N
Ú S T U V I D A E N L A M Í A Ç
Y J Y J C O N V É N C E M E F É
O Í B Ó I K Z T I N N O N H S B
```

CONVÉNCEME
FLOR PÁLIDA
TU AMOR ME HACE BIEN
VIVIR MI VIDA
ESTÁ RICO
PARECEN VIERNES
TU VIDA EN LA MÍA
Y CÓMO ES ÉL

JUAN LUIS GUERRA

Ï	B	Ú	A	Ç	Ö	F	L	E	K	Y	K	Ý	Ï	T	B
L	É	E	Á	F	Ü	I	K	Ó	Ñ	À	Q	T	Í	G	U
V	A	Î	L	L	Ö	Î	V	M	Í	J	T	G	D	O	R
M	N	B	N	Ú	A	X	Ý	W	O	E	F	S	J	Ö	B
I	B	F	I	L	L	S	T	U	S	B	E	S	O	S	U
B	V	A	N	L	Î	T	A	Ö	É	Á	W	Ú	Ö	Ç	J
E	È	J	C	Ý	I	Ü	I	V	D	U	X	W	Y	Q	A
N	Q	Ö	P	H	C	R	F	M	I	F	B	T	R	Í	S
D	N	H	Ó	M	A	D	R	R	O	S	H	Ñ	Ó	Á	D
I	È	Ü	F	Î	X	T	G	U	Í	A	P	Ö	Y	Ï	E
C	Ç	B	L	Ú	I	È	A	D	B	O	D	A	I	L	A
I	Î	L	À	T	Á	J	Ñ	R	Ö	I	F	I	S	T	M
Ó	O	L	A	Ç	E	Ç	V	B	O	Ö	N	R	Ó	É	O
N	V	R	Q	Ö	Î	T	X	B	V	S	Ý	A	Í	S	R
U	A	C	È	J	Ü	T	J	J	C	T	A	V	Ó	O	C
P	B	I	N	È	Ï	H	W	J	Í	Î	È	H	A	Ñ	U

BACHATA ROSA
EL ÚLTIMO ADIÓS
LA BILIRRUBINA
MI BENDICIÓN
TUS BESOS

BURBUJAS DE AMOR
FRÍO, FRÍO
LAS AVISPAS
PARA TI

MARCO ANTONIO SOLIS

```
D É H Ó G É C Ç É B Á Y L S Á M
M E Í D V Ç F Ï Î Ö Ç D J W A Ý
Á L Y Z Y Î Q Q E Ý Î C È T T E
S Ú É Ç C À O Ñ V D M N I H M F
Q L H Ü T X K C Z J H D J A J R
U T J L Ó R E R J X N Ö T E R Î
E I Ï R B T E W V E Ó N N Q T Ú
T M Q R E Z M S B C E Ç Ú F À
U O U Z P W K A S V T É Á P W S
A A Q Y Ï M I H N E Ý C H B E U
M D S S T N Ö I N S M É Ï M X Ü
I I Ü C E Ç T T Ý D V A À J É S
G Ó L V F Z I É Î Ï Ï D N A A U
O S A È P Ü Ö Í T P E N Z A Ó Á
A L F O I F J M Q L P X Í Ç S G
O E N Q Ú X H U R J N Ï E Ï T Ý
```

EL ÚLTIMO ADIÓS
LA VENIA BENDITA
TRES SEMANAS

INVENTAME
MÁS QUE TU AMIGO

ANDRES CALAMARO

```
X M I É A C J Ï Q Ú G Ü Ö Q L I
Ú V S R P Q D D O Á À B D Y S Ç
T A F B J R S L Ú E X Q Ç O T Ý
E D B Ý H J Y Z O Ö Ú Y G D A Ó
Q P H F R Z F Ü Ï C E D D Ï S Ú
U R H É Í F U Î Ú A O H Ö Ó N T
I S U Ú Ó G Ó M I L H O R A S Ý
E M C P A R A N O O L V I D A R
R Ç Ç N P Q Á S Ú U Ö Ï Y I Ï Í
O C U A N D O N O E S T Á S C Ü
I O E S T A D I O A Z T E C A I
G Ý G J Á R Ú Y R Z Y É X F Ú Y
U W Q T E Ó Î D Ñ Q R È O L Á G
A Ñ D J Í É Ü W Z Ö U Ñ À A Í H
L J Ü F H Ñ Z Ý Ï Q À O Ö C X Ñ
I X D K E F È J Z Ú Í C U A V D
```

CUANDO NO ESTÁS
FLACA
MIL HORAS
TE QUIERO IGUAL

ESTADIO AZTECA
LOCO
PARA NO OLVIDAR

MIGUEL RIOS

```
H X Í Î Ö Z Î K D T H É Ñ Ö E L
K I E H Z C B J S K A Ï U C N A
B A M O Ó A S F W Í Ú A Ý Ó I P
K A Á N P Í Î Ö C Ç Í Ý I A N U
B R J Ú O M Ý U Ü C À C Ó Ó B E
Z I Q O Ó A L G U D C L M N S R
L N E É L A L L Ý E L L C O M T
J E É N T A A A R M U Ü D J V A
Ç M R N V T L R A P P I Î P F D
Q Ñ A Ñ N E U L A L N Ó È H Ú E
A S S A Ü S N O U E E Z S V Ü A
N É S Ö N Ý D I V V Ö G À Ü U L
D R Q I Q O T N D È I V R Q E C
H T C H T Ý E Ü Í O R A M Í Z A
É L É È H I V R Í Á S Ç D T A L
L Q Ú Z B R Q E F X A I E X M Á
```

BAJO LA LLUVIA
HIMNO A LA ALEGRÍA
LA PUERTA DE ALCALÁ
TODO A PULMÓN

BIENVENIDOS
INSURRECCIÓN
SANTA LUCÍA

MIGUEL BOSE

```
L  I  A  I  R  E  S  O  Y  C  Ú  O  R  C  G  Î  È
I  È  W  M  E  Ñ  Q  U  P  Ö  C  À  È  O  W  H
B  V  D  O  Ñ  Á  À  Ú  Ï  O  K  É  D  V  E  S
R  Q  À  R  R  B  P  Ú  Î  B  R  I  Q  O  L  I
E  U  Z  E  B  Ö  Y  P  Ú  A  D  Ú  Ö  L  Ú  T
Y  Q  È  N  X  Ï  Á  R  M  N  T  E  V  L  Ú
A  Ñ  Ü  A  U  D  T  A  A  A  E  È  W  Í  T  N
D  Ñ  U  M  Á  X  E  B  C  A  A  T  Ç  D  I  O
E  È  É  Í  P  T  E  I  Í  J  M  E  J  A  M  V
A  Y  G  A  Ï  T  H  M  À  G  A  P  C  M  O  U
M  Ï  P  Ç  N  B  A  T  Z  W  R  Z  T  E  A  E
O  Ï  B  A  F  N  K  B  Î  T  É  T  É  T  D  L
R  X  M  È  E  D  T  Ü  R  U  Ö  J  W  Ú  I  V
E  A  L  R  R  Á  F  N  D  L  U  W  J  O  Ó  E
S  G  O  H  Á  F  B  Ú  É  Î  W  Ú  K  N  S  S
M  M  Z  W  V  É  V  È  N  T  B  W  A  Ó  Ý  D
```

AIRE SOY
EL ÚLTIMO ADIÓS
MORENAMÍA
SI TÚ NO VUELVES

AMANTE BANDIDO
LIBRE YA DE AMORES
OLVÍDAME TÚ
TE AMARÉ

ENRIQUE IGLESIAS

```
É Y D V X À Ó M Ñ Á F F B Í E D
X O A U É N G G G Ç Ú Ý Í U Ñ Q
À Î F J E Î È Á T X P Ý S Ñ X Z
N Ñ D I L D P I U G P À È À
Ï S L S Ú B E M E L A R A D I O
B L Ö I F Y Ï E E L P E R D Ó N
Ï K N P K B T N L R È O É T È A
È Ï Ñ O À E K Z B C Ó Q E U I B
Ç B G A Q H I X A A O G Ý N W P
X Ñ N Î H Ü H T I E L R H O É Í
C C Î O X H Ï Ó L L Ç W A A U Ü
F C R Í D C H S A B M P Ý Z X Ý
Q E V J A T D G N A U Z T J Ó S
H I L C N À Ý G D Ñ U N U Ý D N
Í B H È H I É É O O Á G Ý C Ñ È
M X F U T B O L Y R U M B A R D
```

BAILANDO
EL BAÑO
FUTBOL Y RUMBA
I LIKE IT

DUELE EL CORAZÓN
EL PERDÓN
HERO
SÚBEME LA RADIO

PEDRO INFANTE

```
A F A L L A S T E C O R A Z Ó N
M M T L G O U É R D Ö Ý G Î L
O I F X À Ç P B Á Î R N B Á O A
R C L O O I Ü M A W Ñ K T F Á S
C A O J N Ü U V P P V Á C W C M
I R R C Ñ O À G Ç Y F Y I O Ú A
T I S W H B V W F L G Ç E O M Ñ
O Ñ I G C P Ö O O Ú V À N Ú Ý A
C I N J I À Q Í L L K É A È Q N
O T R N E X E J J V Á Q Ñ T M I
R O E M N Ï A K Ý E E N O Q L T
A F T Ü A T B U X P F R S K Ü A
Z È O Ñ Ñ Z U E U E Ç U Á J V S
Ó Q Ñ U O C V L O V Ç P Ó Ú Ú F
N Ñ O Ö S È K L N Á O Ü O È Î D
C U A N D O S A L E L A L U N A
```

AMORCITO CORAZÓN
CUANDO SALE LA LUNA
FALLASTE CORAZÓN
LAS MAÑANITAS
NO VOLVERÁ

CIEN AÑOS
ELLA
FLOR SIN RETOÑO
MI CARIÑITO

JUAN GABRIEL

Y	U	E	Í	Î	È	È	Ö	Í	H	Y	P	B	P	S
A	T	M	Ú	H	B	X	G	D	F	A	A	H	Ý	Á	I
L	Z	A	C	A	Ö	E	D	V	Y	S	N	S	S	Á	E
O	C	Ï	H	H	C	Ö	M	E	O	T	O	I	I	O	M
S	Î	Á	J	W	Ó	E	Á	V	T	A	V	Á	Ö	F	P
É	K	Z	V	U	H	X	V	X	E	Q	I	L	R	V	R
Q	E	À	T	Ï	F	D	R	Ü	R	U	V	G	Î	Í	E
U	Á	H	Q	T	Ý	T	G	V	E	E	O	Z	D	Ó	E
E	X	D	Q	R	O	Z	R	X	C	T	P	H	Z	C	N
T	Á	Ç	Í	B	Î	S	A	L	U	E	O	Ó	Y	A	M
Ú	D	Ï	É	V	B	Î	Ú	Á	E	C	R	S	U	R	I
T	I	A	N	D	W	F	J	L	R	O	V	R	Í	A	M
E	W	Ú	Z	P	F	Ú	M	Ñ	D	N	I	D	I	Y	E
V	Q	U	E	R	I	D	A	Y	O	O	V	N	G	W	N
A	F	Ü	Z	A	Ý	B	H	W	C	C	I	Í	Ý	P	T
S	W	X	Ú	J	Ü	R	M	Y	S	Í	R	Ï	A	È	E

CARAY
QUERIDA
YA LO SÉ QUE TÚ TE VAS
YO TE RECUERDO

HASTA QUE TE CONOCÍ
SIEMPRE EN MI MENTE
YA NO VIVO POR VIVIR

JOAN MANUEL SERRAT

```
V Ú W M E P D Ü C É U C E T M Î
Ú P Q J M C O N X E G D K Á Q S
K N A K P Ë E V T H E Ó B A Ó
Ö I C R W P D M M Z Ñ Ö R W Ç
Q C I Ó A C E I O A K I È J O Ö
M L M Ó R L K N T Ñ D I W Ñ M D
W Z A Ö N Ö A U É E O E Ö W M C
Ü W V F K Í L Ç L R É A K F S
G D Á M I Z Ü N I Ó O R Ú Ý B
Ö C A P J E A O V B X P Á Ý O I
U Ó È S E R S X D Z E À E N C R
È Ñ V À O È X T V Ü J R P K E V
V G J Ñ Y F I Î A U À P T O D O
J Q E O Y D Ö Z D W Ñ V K A À Y
S S H P Ñ H É L K Ñ Z T Q J D É
Y È C A N T A R E S O F U Q M M
```

- CANTARES
- MEDITERRÁNEO
- PENÉLOPE
- SEÑORA
- LA FIESTA
- PARA LA LIBERTAD
- POEMA DE AMOR

CELIA CRUZ

```
Q E Á P V Ú V Î Ï Z Ú C B I Ó W
Q B U R U N D A N G A K U W T G
U Ú Ç W Ü Ç Ö T H Ý L T K T W U
E Q W N Ý N È Q U I M B A R A A
L Î K Ú C W T R Í O G Z F Z G N
E È L M R E O Ç C É Z N F Á R T
D M K F X Z Ü S B H L M Ï G A A
E À W Á Ö Z U K Ý Z Í A X Ö C N
N Á È C Á B Ï Y È Ö P E Ï K I A
C É W J E À Ï Y Ö L I Á R C A M
A Ñ X T K S A G M C K È Î Y D E
N S V A S O S V A C Í O S Ç I R
D W Ü S Y V X Á Ý Ý E F S Í V A
E Ï S Î X É I K Ç M Ñ Ö V J I Î
L H L F H F O Î È N L Z J F N N
A Ó Ú B O U Ï Î Ñ L W J T D A N
```

BURUNDANGA
GUANTANAMERA
QUIMBARA
VASOS VACÍOS

GRACIA DIVINA
QUE LE DEN CANDELA
TE BUSCO

JOAQUIN SABINA

Í	Á	Y	F	P	Ï	C	B	J	J	I	I	U	H	J	Y
Ý	S	A	Ï	Î	F	Í	C	B	F	S	I	C	T	Ñ	Ü
Ç	Î	S	F	H	Í	R	L	Î	U	Q	Í	A	R	É	Ú
R	B	Í	Á	C	O	N	T	I	G	O	A	L	V	Ú	B
M	N	E	U	Á	L	D	L	X	Ý	Y	J	L	A	Z	I
N	Z	S	W	È	V	X	Ï	U	È	Ö	K	E	À	Ñ	B
O	À	T	V	I	Í	Î	Á	R	Ç	Z	I	M	Ö	Ü	U
À	À	O	Y	Ý	E	X	F	P	R	U	Í	E	Î	Ñ	È
R	C	Y	B	K	Ü	È	Ü	Ý	G	À	A	L	V	P	H
V	Ü	Y	Á	C	Î	Á	Z	L	D	S	Q	A	C	Y	À
A	C	O	H	B	P	Y	Î	Y	E	X	U	N	Ü	V	Ö
D	O	S	E	U	É	P	L	C	X	Ç	Ï	C	F	E	Ñ
Z	Í	I	Q	Ü	Í	Ó	N	E	X	P	L	O	M	Ç	L
P	Ñ	N	À	U	C	I	Í	I	D	É	Ç	L	J	Ú	R
R	H	T	É	Î	R	Ï	K	Ç	P	A	T	Í	É	D	Á
I	À	I	E	P	X	Ü	A	M	N	L	È	A	F	L	Ñ

ASÍ ESTOY YO SIN TI   CALLE MELANCOLÍA
CONTIGO   PRINCESA

RICARDO MONTANER

```
T D É J A M E L L O R A R Í O Ö
Q O N É D Z N À S O Ú A N L P X
Ó S Ï Y M À Ï E W O Ñ I E I R O
R O Ó Ü O A W Î Ú A Y I P Z F S
Á Î Ü L I P É C R V C T U N O Ü
Í I D Q O L U T Z L Ú S U D D U
U À Q Ñ D C X E E B O Ï A Y É Ç
C S Y O N E O D D R V R Á N O Ý
H M M Ö A Q A N G O O N Ý H W É
Î È À A À M E E U M H N H B È V
J È V D I G N Y A N S A Y G O Ï
I E F C Ú S Ó N Á Ñ B K C Ï T T
M Y A À O J E R H Ï X E Q E S V
Ö L U J P N E É Á G F Ç S Í R N
Ü Ý O Á A S G Ñ Î Á Ö Ç X O P Ï
Ó Ç Á T N E À A L R C D É B O T
```

DÉJAME LLORAR
ME VA A EXTRAÑAR
SERÁ
SOY TUYO
YO PUEDO HACER

LA CIMA DEL CIELO
OJOS NEGROS
SÓLO CON UN BESO
TAN ENAMORADOS

ALEJANDRO FERNÁNDEZ

```
Q N Ý T Ç M W T F È Z Ú Ü V H Í
N À S E Ü B Á A W X I Ú É W Î Ú
I M I V X V Q N G L V D J Z W A
Ñ Ú H O Ö Ö U T N Z J F Ü Y V Ú
A Z E Y K Á É I O U Ñ Ú U Î Ú Z
A O S A R N L T S L O C O D O X
M À A P R U Á A É V Ý X Ý Z Ï P
A K B E H B S P O Ý Í X D Í M À
D É I R Ñ E T E L E V Ú G F D R
A W D D Á V I N V Ï Ý K Q V S Y
M V O E É I M A I F E D Í N K N
Í Î A R Ý A A U D B Í C U J L H
A Ú M A G J R Z A Ó Ö N A É Ö M
E P O B O E Ý J R Î M O S È M Í
O Á R G E R O R Í O E X Y Î D Z
Í Á V Y A A O U Ü X K Í Ó L P E
```

LOCO
NO SÉ OLVIDAR
QUÉ LÁSTIMA
TANTITA PENA

NIÑA AMADA MÍA
NUBE VIAJERA
SI HE SABIDO AMOR
TE VOY A PERDER

LAURA PAUSINI

E	Í	M	G	E	J	H	M	H	L	Î	N	V	E	K	Î
N	N	K	Ñ	N	A	Ó	J	E	E	Ï	Ý	O	M	É	Á
T	T	Z	O	A	M	M	M	L	N	S	U	Ú	L	E	A	G
R	Á	Ó	D	U	Á	E	N	C	C	Á	Q	V	R	M	W
E	Á	Ý	S	S	S	Ú	Y	A	U	Q	Ñ	E	G	O	H
T	D	E	Î	E	A	J	I	M	C	W	Í	R	E	R	N
Ú	K	S	Ñ	N	B	Ó	G	B	H	Ö	Y	É	N	E	E
Y	Ý	F	L	C	A	M	X	I	A	Ç	M	J	C	S	Ï
M	H	M	I	I	N	Ï	V	O	A	P	Ï	U	I	E	Ç
I	O	U	À	A	D	B	M	N	T	A	Ú	N	A	X	L
L	A	Á	M	D	O	Î	F	O	E	A	Ú	T	D	T	H
M	P	À	E	E	N	K	F	E	N	H	B	O	E	R	Ú
A	Z	Ñ	E	T	É	W	Ý	Ï	T	N	T	A	A	A	T
R	A	Á	K	I	Í	È	B	E	O	P	Ñ	T	M	Ñ	V
E	É	Ï	Í	W	Ñ	È	F	L	Ö	V	T	I	O	O	T
S	Ï	Î	V	S	È	H	Á	Ö	T	J	E	Ý	R	S	D

AMORES EXTRAÑOS
EN AUSENCIA DE TI
ENTRE TÚ Y MIL MARES
JAMÁS ABANDONÉ
EMERGENCIA DE AMOR
EN CAMBIO NO
ESCUCHA ATENTO
VOLVERÉ JUNTO A TI

CARLOS BAUTE

```
E Ï Ç É Z Ï G Z Ö Í V Ï G Ñ E À
S L M I M E D I C I N A C L X Ñ
T A Ý S Á À F W Q O Í D Ö Ó P Á
Á Ú N S Í E Í À Ü Á R A É T Ö M
S A B G I E S Á K Ç U M Ú C Í A
H S M É E D É P W V È E O Z L L
E B G A L L Í B E É É E Ö Ö Ü D
C D P É Ñ I F G R Ñ S Ü H Ó E
H Ï D Ñ K A Ñ T Î Ç Á O C Z N A
A K B S Ï N D Ú O U B N È H Î M
P M R Ç R Î Ö O Q Z K K D D U O
A K Y Ú J J E Ú S À T À D O J R
R J Î C H I K I C H I K I W T W
A N V M D S H Ñ F Á Ñ J G K O E
M H Ç F B X Ñ M T S T Ï Ü Ñ I V
Í H V I V O E N A M O R A D O M
```

AMAR A DOS
CHIKI CHIKI
ESPERÁNDOTE
MAL DE AMOR
VIVO ENAMORADO

ANGELITO
DAME ESO
ESTÁS HECHA PARA MÍ
MI MEDICINA

JOSÉ ALFREDO JIMENEZ

```
V D È U N M U N D O R A R O S S
È E C Ü K G À N Z T F Q O O F E
Ú L À Á Ú K Í V I Á Ý X N Ö Ñ R
O H F S D Y M Á L Ç D I P J È E
M I Y Z Í Ç U M O L M F O X M N
U J W C Ú É K O Y A S T E I V A
Y O É H G Ç X N C Q F T A Ú Í T
D D R D Í Î H O Ú H E O A Ü E A
E E Ú Z D T R S À N Ñ I N E L H
S L Ü Ü E T Z À I J O L A W L U
P P E N A I F J Ï Ï Ö Í Ñ Y A A
A U K U G Î L Î R A Ú O Y P Q S
C E C F Ó E Ñ L È Î U H J Ñ Ó T
I B Ý A L M A D E A C E R O Í E
T L R V G O C É É Ï Ó C W U V C
O O Ï M W L Y K Q É T V O E Ú A
```

ALMA DE ACERO
EL HIJO DEL PUEBLO
ELLA
SERENATA HUASTECA
VÁMONOS

CUATRO CAMINOS
EL JINETE
MUY DESPACITO
UN MUNDO RARO

FRANCO DE VITA

```
D F U C E E S F T I Á É Ö I Ö X
Í U B Ñ B X K S Y G P È I Q K N
Ú E A P C È T K D Ö X H X E E F
É R R F A Ñ È R D Ý T M K E E R
Ü A C Q L Ú V F A U Ó Q Í D H É
D D O C N H Ç Z Ý N B C Ï T Ó Í
Y E A Á O B Ñ Á F G J È T Ö L J
T E L L R Q G I H Ü E E R O L Î
E S A I T E G I P Ñ Í Y R H T Í
P T D D E S F Ü K H Q L U O È Ç
I E E O D T Ó O Í Ç M Ç V Ü B Ü
E M R Y E A L A T I N O Ü O Ú Z
N U I F L V T Ý K V A O B Ö Ç Á
S N V R S E J É Ö Ñ Ö Á O O R Y
O D A Í U Z À É X Q Á X G E R U
C O X O R Ç S I G D À U S B À Ï
```

AL NORTE DEL SUR
CÁLIDO Y FRÍO
EXTRANJERO
LATINO
Y TE PIENSO

BARCO A LA DERIVA
ESTA VEZ
FUERA DE ESTE MUNDO
SERÁ

CAMILA CABELLO

```
B E A U T I F U L N R P V Ö R L
Ï È S X Ñ K N È T Ï Ý È T C P N
Z F S D À S G Y V H R H A O Ü E
S N C Ç X Ï E B M S Ö D I N T V
K G M Q Ñ L Ü Ñ Î N V Ï Z S Y E
P K È Y L V Z À O H Ö V Ñ E Î R
È B È O O V Ü X M R Ý Í Q Q Y B
J H A Ú Ü H X K B Á I Z R U Z E
Q S Z D Z B M S H C G T H E W T
À Ï R B T K Ö Y Z N E S A N G H
À Ö T X X H V T Ï Ý Ý Ï V C Z E
M Ü Q T Ö D I Ü C Y Z À A E Í S
Z Ï L Í V Á A N L I A R N S Ó A
Ï F Á Ö Q G Ñ Q G M E È A N Ö M
C B P Ï V Ç U Q L S U G Á Á K E
S O U T H O F T H E B O R D E R
```

BAD THINGS
CONSEQUENCES
LIAR
NEVER BE THE SAME
SOUTH OF THE BORDER

BEAUTIFUL
HAVANA
MY OH MY
SEÑORITA

DAVID BISBAL

```
Q D S Î O U M I P R I N C E S A
U V Y Î Í F D O H Ç Y Z O A R Ó
I D K T É B Ñ E Ó À R Y Í Ý P É
E Z I É O K I S I Y A R Á D S Ï
N Ö X E À R C V J Ï A À Ï D I Ý
M I É I Z V R W N M L K F Q L J
E É Y R Ç M H E E X Y X Ü P E B
I Ú B G Q A I V D H M Á É E N Q
B Q Ó D Í G A L E E R U C J C O
A F S E Ï N V U M E B E M Í I O
A U R Ï À Ü M Ö S A N A Z Í O Ó
D P Ç Z N S F O Ú A N É B D É Î
E Z Y V L Î M K M Ú V E B E H D
C L À H Á Ó X A M B B É R J L O
I D É P C Ñ O Y Í X Z Y N A N X
R P F Y Ú N Í V Ó Z N Ü F Ç S M
```

AVE MARÍA
DIEZ MIL MANERAS
MI PRINCESA
QUIEN ME IBA A DECIR
TORRE DE BABEL
CÓMO SERÁ
DÍGALE
NO AMANECE
SILENCIO

FITO PAEZ

Ö	Ñ	N	X	L	Ç	U	B	W	Á	G	V	O	Ú	Ñ	L
È	M	Ñ	H	Ï	D	N	D	S	E	X	Q	F	K	A	Y
Ú	H	T	A	F	L	V	È	Í	U	Y	Ý	Á	Í	B	Ñ
D	A	L	Î	Ç	A	E	J	Ý	E	C	A	D	T	M	E
Z	Z	D	A	È	D	S	É	Ï	L	D	R	O	N	Ú	T
N	Q	O	Ö	Q	E	T	A	Z	S	A	O	S	P	A	B
Á	M	D	Í	Ú	S	I	V	Í	A	R	D	E	G	Ñ	À
Ü	Y	F	V	X	P	D	N	Z	C	E	A	N	N	È	V
M	V	Ñ	J	V	E	O	Ü	É	R	S	R	L	W	V	J
Á	H	D	R	R	D	Y	D	Î	I	D	M	A	Z	K	G
Í	À	È	B	À	I	U	W	A	F	A	I	C	E	Ü	P
Á	B	A	Y	O	D	N	A	T	I	R	V	I	S	Z	H
F	Ç	Ñ	O	Q	A	A	F	É	C	C	I	U	X	U	L
G	G	X	J	Ý	X	M	L	J	I	É	D	D	Z	Ú	Z
I	O	Î	P	G	Ç	O	S	A	O	Y	A	A	Í	W	Ó
W	O	C	I	Í	Ö	R	Ö	Q	W	N	A	D	R	H	À

A RODAR MI VIDA
DAR ES DAR
EL SACRIFICIO
UN VESTIDO Y UN AMOR

ABRE
DOS EN LA CIUDAD
LA DESPEDIDA

CUCO SANCHEZ

```
X H L Ú U Ï Ý Ö È À W S A F A Í
C A X A I I H K Ü L O È M A Ú P
O R Z Ú Ó A K Ö H X T R O L N Î
N R K E Ó M Z À K S P É R L S Ç
S I O T Ú S O L O T Ú Á P A E X
E E Î Î É Ý S Á O K G Á E S A A
N R L K S K Ñ É Ö Á Q O R T C Ý
T O Ü M Y Y É J É A G Ý D E U Ý
I S Ý M G Z Í A Í S D Ü I C E Q
D S Ó C À R J M K E L H D O R U
A O I A Î Q A É Ý X Q X O R D L
B M Y H A T R Ý S H I S X A A Á
C O A Í I Î G Ü Í X B E H Z D B
Z S Ú D Y Ç Ö Î J D Ú G M Ó E Ñ
Á K N M Y H F D È M V R E N M Ý
P I É T O Ý A U V E K L K Ñ Í G
```

AMOR PERDIDO
AÚN SE ACUERDA DE MÍ
FALLASTE CORAZÓN
TÚ SOLO TÚ
ARRIEROS SOMOS
CONSENTIDA
INDITA MÍA

CHRISTIAN CASTRO

```
X L L O R A N L A S R O S A S K
Î J X P E W U Ý S I X S Ý L I Á
Y Í À Z O Z È L Ç U Q O Ý Î E L
C Ú F T X R U I Î Í Q U B M S Î
G Í G I H Z A Ý Ö X R M R È M H
I U Ï Ý A É Ö M P Y W S F M E X
T Ï J W Y X A Ú A M È À N L J P
D M R U O B N G A R R G C Í O H
N B I V Q A G À D Z T Ç É L R W
N V A T U B E G G Ý É E J F A H
G L M O E U L Z N L À J A Q S U
Ö X O Ü R D N O P O D R Á S Í A
Î W R J Í Á V Q I L Ç È Î A Í G
A W O Ñ A T A S Í E R A E L L A
E L C U L P A B L E S O Y Y O Ý
Ñ N X É N Y Q É Ü J P Î V N X R
```

AMOR
ASÍ ERA ELLA
EL CULPABLE SOY YO
LLORAN LAS ROSAS
POR AMARTE ASÍ

ANGEL
AZUL
ES MEJOR ASÍ
NO PODRÁS
YO QUERÍA

ANTONIO AGUILAR

R S I Ó Á B D N Ï Y Ý É M Í Í U
P A Y C H A B E L A V O Z O S Ý
I B Á Î L P O L Z P D D E Ó Z B
Ú R Ö H Z B N E U I P T D Q M N
U W U Ü Ï H Ö T R J N N G Ú U A
G J Ý Q Ç L Ú O H E M O À W I H
Î Z V L Î U L Q S Z L S C E Á Î
Y Í Ý Y L O Ö U Á A S I Ñ M X D
Ñ H K W D A A W P R D Ó I Ï U É
P Y Ú A F L A E W V H Ñ E À E Ý
O L L P E O D I F X W W Á Ý K S
N E B R X Z S Ñ V Ö K È T I G À
Y W A Ï U W R L Ö D É R Á X C B
Ï Q Y R Ý L L Q Q U Á À Ü M Ñ Í
F È C O X C L Ï O Í Ó Y X Z E E
N C O P I T A S D E M E Z C A L

AY CHABELA
CRUZ DE PALO
EL AUSENTE

COPITAS DE MEZCAL
EL ADOLORIDO

ANTONIO BANDERAS - Solution

G	E	N	I	U	S	P	I	C	A	S	S	O	B	F	U	
N	S	O	O	S	F	C	H	I	K	B	M	A	P	C	V	
B	E	R	G	C	U	N	M	Z	N	L	U	A	P	Z		
W	Q	I	D	A	N	L	N	U	V	G	N	U	E	J		
H	I	G	U	D	G	S	E	U	T	V	X	V	C	G	W	
I	B	I	M	E	S	F	S	A	S	I	X	A	G	H	S	
J	N	N	M	S	N	J	O	A	B	O	U	B	R	T	O	
R	I	A	H	P	I	K	F	U	S	P	O	F	O	N	K	
M	N	L	T	E	Q	R	V	T	R	S	J	N	M	E	S	
E	X	S	R	R	T	Y	E	T	T	R	I	N	F	O	A	
Y	D	I	S	A	M	R	T	H	E	V	O	N	J	W	T	
G	S	N	C	D	Q	R	N	C	E	Z	K	O	S	U	R	
P	W	L	T	O	M	M	B	F	R	W	X	E	M	I	S	
G	J	U	J	X	O	I	D	H	Y	I	L	P	O	S	J	
A	Z	O	E	V	I	T	A	Q	I	Y	N	P	I	W	G	
T	H	E	L	E	G	E	N	D	O	F	Z	O	R	R	O	

JAVIER BARDEM - Solution

M	O	N	D	A	Y	S	I	N	T	H	E	S	U	N	G	
B	E	F	O	R	E	N	I	G	H	T	F	A	L	L	S	
Z	E	V	K	Z	M	O	T	H	E	R	Ç	O	À	N	G	
L	S	A	E	K	H	L	Á	Ì	Î	B	Ü	G	Ý	N	A	
G	B	O	T	R	G	L	C	Y	R	Á	Á	H	P	E	Ó	
R	I	X	E	P	Y	O	I	B	Z	R	À	N	Ý	Ç	Ú	
Y	U	N	É	D	R	B	Y	V	Í	V	E	E	Ü	Ì		
Z	T	Ú	Ü	Ý	Ì	A	O	A	E	F	Ç	J	R	D	Ç	
É	I	V	Õ	A	H	T	Y	D	S	F	É	S	C	V	Á	
T	F	É	Z	I	K	T	Y	L	Y	G	L	T	Á	W	Î	
B	U	E	X	D	W	E	Ý	B	O	K	H	E	L	C	B	
Ü	L	V	È	Á	Ó	U	Ï	Á	P	V	N	O	S	E	À	
E	R	Ú	V	Y	Ñ	D	U	Í	R	S	E	O	S	H	È	
E	É	N	H	Q	Ç	Î	P	L	H	Ó	G	R	W	T	Z	
C	J	A	M	Ó	N	J	A	M	Ó	N	U	Ö	K	S	S	
	I	S	G	Ñ	M	G	Ç	N	Ú	Í	Ì	Ñ	Ï	U	Ç	N

DEMIAN BICHIR - Solution

Í	U	L	K	Q	Î	M	Î	K	U	Z	X	T	N	H	F
Ý	A	Q	U	E	S	J	Í	È	B	O	E	O	È	J	É	Ñ
Q	R	L	Á	N	O	Î	L	O	È	X	H	E	E	X	H
V	O	I	Z	A	U	Ç	A	Ï	Ñ	R	V	D	Á	F	
H	S	A	J	E	I	V	Ç	Î	M	W	Í	R	Ü	Ç	X
K	P	M	È	O	N	É	I	À	Ï	O	Y	I	L	Ý	B
À	D	E	R	P	A	C	I	D	F	Ö	N	Q	T	È	Ï
F	Î	R	X	P	I	M	O	C	A	I	P	J	O	W	Ç
À	R	I	É	H	M	R	E	V	F	M	N	F	A	F	D
A	Î	C	O	Ú	G	N	V	N	E	T	E	H	H	W	H
K	T	A	U	X	G	B	Î	M	E	N	V	J	I	A	B
Á	Ý	N	T	L	Ý	Ú	Z	Í	Í	Q	C	A	H	O	X	B
I	J	V	W	J	U	C	M	O	H	A	E	N	L	R	Z
M	Í	I	E	W	M	I	G	N	J	V	A	R	T	G	U
C	P	S	K	Q	S	O	K	H	Ú	P	Ú	Î	Ö	Ú	O
I	F	A	G	Î	É	O	Ý	Á	Á	A	E	M	Q	Ñ	È

GAEL GARCÍA BERNAL - Solution

C	C	A	R	T	A	S	A	J	U	L	I	E	T	A	D
B	G	W	A	M	O	R	E	S	P	E	R	R	O	S	S
R	K	R	K	X	Z	D	O	C	K	R	R	Q	Q	G	
H	C	V	T	H	V	M	C	F	Y	Q	U	V	R	L	F
M	V	Z	F	S	J	X	R	J	D	M	D	T	L	X	M
S	X	K	D	J	O	U	B	A	Z	F	O	Z	I	X	
E	M	C	O	C	O	M	A	A	H	P	Y	A	Y	L	W
Y	S	Z	G	K	G	P	B	A	X	Q	C	S	R	O	T
O	N	S	L	J	G	D	E	I	G	C	U	G	P	S	D
A	X	E	Y	B	X	L	Z	G	C	R	J	U	R	C	
W	B	F	U	F	X	X	O	I	I	X	S	Y	M	D	
A		K	E	Q	J	C	C	N	Q	Q	I	U	R	N	K
T	B	D	L	A	R	E	D	A	V	I	S	P	A	T	O
L	U	E	L	D	U	K	F	C	E	E	W	K	W	N	
R	A	M	O	R	P	O	R	S	I	E	M	P	R	E	Y
X	H	K	U	S	U	F	I	G	W	W	Y	L	H	V	D

Page 104

MICHAEL PEÑA - Solution

RICARDO DARÍN - Solution

BENICIO DEL TORO - Solution

DIEGO LUNA - Solution

ANDY GARCÍA - Solution

OSCAR ISAAC - Solution

JOHN LEGUIZAMO - Solution

EMILIO ESTEVEZ - Solution

MARTIN SHEEN – Solution

CHARLIE SHEEN – Solution

WILLIAM LEVY – Solution

JOAQUIM DE ALMEIDA – Solution

JORDI MOLLA - Solution

- IBIZA
- NOCHE Y DÍA
- MENTE IMPLACABLE

HECTOR ELIZONDO - Solution

- AÑO NUEVO
- NOVIA FUGITIVA
- KOJAK
- MONEY FOR NOTHING

EDWARD JAMES OLMOS - Solution

- THE WEST WING
- BLADE RUNNER
- MIAMI VICE
- CHIPS
- DEXTER
- AGENTS OF SHIELD

LEONARDO SBARAGLIA - Solution

- ORÍGENES
- SIN RETORNO
- PLAN B
- RELATOS SALVAJES
- SECRETOS
- NIEVE NEGRA

JORGE PERUGORRIA - Solution

```
B Î H C Q Ç Î X Z J M R Á B Í B
E Q O H O D È Ý B É Z E O E L D
C A R E À R R I Z È F N M É I V
Ú M M E Ñ F E B F E Q C À I S Z
J O I L A H L W Î J Ĭ C O B X T O
S R G A D U Ó Q I Ú Í R A Í A C
S V A R B Á M B O L A B F A D Î
Y E S G C Í F Ñ A Y X A I T E Q
Ü R E E À A L I Y W D R N A E U
H T N N O B C Ñ Y O R R I Î S E
E I L T U V H R À Ó I D D P É
P C A I S À O L I Ü Î O A Ý E N
C A B N Ó Á O Ö À T Z C D V R R
H L O O Q I F Í F Z O U E Ç A K
Z À C Á M V G Ñ K B Ú B S V Ý Ö
B R A Î Á Y Í Ú N E À A Á O B S
```

JIMMY SMITS - Solution

```
L N S U P M O T O R I U D K H I
  L M U K C P N Z P Y L R Q J B E
L A M J W P T R A P Y O H O D B X
A U U I L S M F X E K F M R Z S E
U L R I T I B J P M J H O L L B I
L T D T W Q X Z D G N C D M D Q N
T I E L C Y V E U Q N J M A M T
I M R C Q A V K I E G V M X U A H
E A I P P R O C K A B Y E H P R E
N P N Q M C Y O P V A B Y G T S H
A A M Q S L R Z Q E E X C Y K H E
N L I H C B K Q C F I H Y G B A I
P A N I E M F D C R D Q Z N N L G
  L B D H F U W U Z H Y L F K R L H
  R T P D W B X V Q N T M P N A T
  A V W I G Y L Q Q Y N H A N W S
```

EDUARDO VERASTEGUI - Solution

```
P H Y S X W T R T D F L M I Y J
B G U X N C N U X C V E M A J U
P X A A Z C G H J L P A D E F C
Z L N W T N V B J I A Y M A U
C R E S C E N D O M I O E L C L
L C B I B V M K N T B I L L H O
H I E D Y K T I S E S E W V A M
Q S F C K G E I L O B J I A S J
P L Q I K M R T I Y V W F E I R
R Q W D T C T D E R J E G A N W
L R M E C I E H Y V E V O I G U
I L E B L D U S S F X H G I P I
T M I Q O G S L M B E V D P A T
D E W J D U H T A Y N W Z F P E
S P I H X L G K F X H G S V I Q
J H X X L Z L T S Z G R E E H Y
```

EUGENIO DERBEZ - Solution

```
I A B R A C Á À C L R Ó A T Î D
Z Ú N Í Ç C I O Ï I N I U A B A
O G S O K A X B Ó P L Z L È U O
T À E È E J Î H Ó I Ç A K G É Y
T S T O P R Z D M W M X A O Ç À
E V L I T E A Q A B L A Í È È
À A Ö D È O F S L Z A J Í Î Q È
Á C Ö Ç O N R A T E J U Y Î Y X
I Z À Ó O Î Ú M R Ú N B J A L À
S Ú L S B H S B E Ö S R V Í T T
P Ú S C Ö U M W U N Y O S Á L G
S O S Q Î O Ó Y J G T Z Y J È A
D X I U H D S Ü U R À A S Y À X
Ç V J T E H Ü Q Y Í Î D F Q O Í
Á E L L I B R O D E L A V I D A
  M I L A G R O S D E L C I E L O
```

Page 109

EDGAR RAMIREZ - Solution

P	P	F	I	É	W	O	M	K	L	W	R	I	T	È	H			
Í	U	U	U	L	L	J	R	Ü	W	Q	Ö	Q	M	V				
L	M	N	N	R	É	A	È	X	X	A	O	Ö	T	D	D			
A	Ï	A	T	T	Ï	Ï	R	U	P	É	Ï	T	O	Ý	Ñ			
C	Ï	G	N	O	O	A	Ï	É	Ó	Q	Î	W	L	Ý	Ç			
H	È	C	V	O	D	S	D	Ö	D	J	E	Á	U	Ö	È			
I	G	Y	A	I	S	E	D	E	I	A	N	J	C	È	C			
C	Ï	E	Ö	A	N	D	Q	E	T	A	V	R	X	I	P			
A	H	D	M	R	E	A	E	U	V	I	Ö	I	E	A	Ñ			
D	O	A	U	M	F	I	A	P	I	I	T	W	S	Ñ	A			
E	O	O	É	A	A	Q	Z	Ú	I	E	S	A	V	P	Ï			
L	B	A	H	Ü	P	X	Î	D	M	E	B	T	N	M	A			
T	Ü	Y	É	I	P	Ú	C	W	W	Á	D	R	A	E	Ê			
R	Ñ	Ñ	A	Ç	D	Í	Ï	Ó	Á	S	D	R	E	H	S			
E	Ö	W	A	Q	D	J	Ï	C	D	M	T	Î	A	Ü	É			
N	L	Í	B	R	A	N	O	S	D	E	L	M	A	L	X			

WAGNER MOURA - Solution

L	D	I	O	S	E	S	B	R	A	S	I	L	E	Ñ	O	
Y	Ú	Ó	Ü	X	Y	R	H	È	L	É	N	Ý	F	Ü	A	
E	Á	B	W	O	M	A	N	O	N	T	O	P	B	P	X	
Y	M	E	C	A	R	A	N	D	I	R	Ú	Ç	X	K	Ï	S
Í	É	G	W	C	L	X	E	F	T	L	S	Ñ	R	Ï	B	
Ñ	K	L	C	F	T	U	C	Q	R	A	X	P	O	Í	A	
Ú	Y	Ú	Y	Ó	È	A	V	Ü	O	R	N	Q	X	S	J	
À	L	C	O	S	Ú	J	I	H	P	E	Z	Ï	A	E	K	
P	N	Í	Q	O	I	Á	P	Ý	A	D	I	F	W	R	K	
Y	L	X	N	T	Ó	U	S	D	D	A	V	X	Z	G	B	
F	Ú	D	U	T	R	È	M	L	E	V	K	Í	G	I	W	
H	J	I	É	O	Ñ	A	Ï	P	É	I	Y	P	O	O	Í	
N	S	Á	S	Z	Ï	K	S	Y	L	S	M	Ñ	K	X	C	
E	Y	È	P	C	Ü	O	X	H	I	P	Á	Ü	D	Ý	R	
Î	N	Ý	T	S	J	X	Q	P	T	A	Ó	Î	À	G	Z	
É	Ö	E	E	S	Ý	Ü	Í	K	E	I	Ç	J	Ú	X	Î	

LUIS TOSAR - Solution

O	O	L	A	D	E	C	R	Í	M	E	N	E	S	E	I			
Q	U	I	E	N	A	H	I	E	R	R	O	M	A	T	A			
Ú	E	L	D	E	S	C	O	N	O	C	I	D	O	H	W			
O	L	A	S	V	I	D	A	S	D	E	C	E	L	I	A			
O	R	Í	G	E	N	E	S	S	E	C	R	E	T	O	S			
A	L	A	G	R	A	N	B	E	L	L	E	Z	A	R	Z			
O	K	B	Ú	P	X	H	Ý	Ï	W	O	Ü	I	I	Y	Ö			
Ñ	E	I	Ó	H	A	X	V	Q	A	O	Ï	C	I	N	Ç			
Ý	Z	D	Y	G	P	Ï	Ñ	C	K	P	Ö	A	Á	Á	À			
Ü	L	N	S	F	Ü	H	G	K	À	I	À	T	B	Ú	D			
J	Á	U	K	B	Ñ	Ö	Z	Í	Î	Ç	A	K	L	A	D			
Ñ	Y	U	W	U	S	Í	T	G	Ï	C	X	V	W	W	X			
Ý	N	K	A	H	Í	G	À	O	U	Á	I	R	Q	Ç	Ç			
B	Á	B	D	I	Ý	Ü	Ú	Ý	X	Ï	Y	X	G	Í	Ý			
Ó	Á	Ï	Ú	Ö	M	N	Z	Ñ	P	Ï	A	I	E	Ï	È			
Q	U	É	P	E	N	A	T	U	F	A	M	I	L	I	A			

SERGI LÓPEZ - Solution

E	C	Ú	N	F	Y	L	É	U	B	À	K	Ú	X	A	Ó	
L	A	H	O	M	B	R	E	S	F	E	L	I	C	E	S	
C	M	T	J	A	T	A	Q	U	E	V	E	R	B	A	L	
I	I	Q	Ó	P	I	M	Y	Ö	Á	Ü	K	H	Z	Ï	È	
E	N	Î	J	Á	L	W	P	X	Q	P	Ü	I	Ú	J	Ú	
N	O	V	M	Í	I	É	X	A	T	R	L	Ó	Ü	C	O	
L	S	Ö	H	R	S	P	O	Z	N	E	P	Q	C	P	M	
O	A	C	V	S	À	B	Ï	H	Q	F	N	B	J	Î	Î	
S	C	R	B	Q	Z	Î	O	E	O	O	Á	Ñ	E	Ú	É	
A	R	U	Í	O	Ü	A	D	R	X	Ï	I	G	R	F	K	
B	U	E	Z	Î	T	Ú	L	A	P	S	Î	V	Ü	Q	Ç	Ñ
I	Z	R	A	Ý	Î	Ç	Z	L	V	D	Ï	V	À	Ö	Ñ	O
E	R	T	D	V	Ó	Z	Î	Ñ	R	M	Ü	Q	Ç	R	W	É	A
Z	O	O	Z	A	C	C	I	A	T	Ý	Ú	T	N	V	D	Í
R	L	S	L	Ú	P	F	Ý	É	É	O	Î	Ç	J	Î	V	M
T	N	I	W	O	Q	O	P	I	D	Á	W	È	N	Î	Í	Ú

PEDRO PASCAL - Solution

E	L	J	U	S	T	I	C	I	E	R	O	D	O	S	L
Z	W	L	A	G	R	A	N	M	U	R	A	L	L	A	Z
I	S	O	L	K	N	M	V	W	F	E	W	Z	T	T	H
X	R	N	M	W	K	G	O	S	X	W	R	H	H	E	D
Z	Z	Z	D	Y	T	D	Q	N	L	O	E	I	E	M	Y
L	N	Y	V	E	P	H	N	W	U	R	C	P	M	A	I
Z	G	B	Z	P	M	R	X	J	X	W	A	L	A	N	A
J	J	U	E	D	Z	S	W	M	D	X	T	N	E	D	Q
P	R	O	S	P	E	C	T	O	W	O	G	B	F	A	P
G	S	T	K	R	C	Q	R	B	M	T	F	E	R	M	M
V	L	R	W	M	N	S	I	D	T	A	O	H	O	L	Q
C	N	I	B	T	O	R	D	E	Z	J	N	E	N	O	A
F	Z	O	R	G	S	H	L	R	K	R	T	R	T	R	C
B	N	G	E	Q	J	E	U	B	N	N	P	O	E	I	M
Q	F	O	S	Y	Z	T	G	C	J	J	K	E	R	A	A
H	D	W	Y	Z	W	P	N	M	X	O	C	S	A	N	T

ALBERTO AMMANN - Solution

P	Z	Ý	C	X	K	K	Ö	K	N	S	L	P	J	J	S
È	À	X	I	Z	C	Î	Ó	N	E	Q	E	K	S	Á	M
X	À	A	Î	V	S	X	Ñ	O	Y	Í	C	V	E	C	D
X	R	R	C	À	R	R	À	S	Ú	S	U	Z	A	O	I
Ñ	Á	Q	G	I	Ú	E	A	O	P	G	É	U	Z	M	T
Ï	Ñ	K	A	U	P	T	U	Y	M	R	G	È	Ú	B	K
Z	J	S	Ö	O	J	I	C	Ú	Ñ	X	L	A	U	Ú	Ý
Ñ	Á	M	L	T	P	Ó	X	O	T	Ú	Î	A	Ú	S	J
A	M	J	P	H	S	E	Ú	M	Ñ	Ñ	À	É	T	T	B
I	C	L	Û	N	Z	N	O	C	Ö	Ö	J	I	U
Î	N	À	H	Ö	Ö	B	E	T	I	B	Ú	C	N	Ó	Í
Ñ	V	G	C	A	Î	F	O	Ú	X	R	X	N	Î	N	Ç
N	A	M	I	N	D	S	C	A	P	E	K	Z	B	O	W
Ý	S	Ö	Y	N	Í	Î	Ý	J	X	Q	X	V	R	H	L
C	O	À	Ó	H	W	M	À	Q	C	Y	X	K	K	Í
Ç	R	À	D	É	Á	S	Y	M	Ú	N	A	Ó	I	È	Ú

JAVIER CÁMARA - Solution

Ó	P	E	R	D	I	E	N	D	O	E	L	E	S	T	E
H	N	I	P	G	P	Q	M	Í	Q	Y	F	Z	O	O	M
Ò	A	Ý	H	Û	À	K	O	P	A	Î	Ö	S	F	L	A
M	G	B	A	Q	Ü	Á	Ü	Í	Z	F	U	Ç	E	A	L
R	E	R	L	L	H	P	F	Ñ	W	S	M	Ç	D	D	A
V	Ú	S	N	E	Á	F	V	Ó	E	N	È	X	E	E	S
P	Ñ	Z	P	V	C	J	N	D	N	Ö	E	G	E	C	T
I	X	W	Ö	O	X	O	E	Z	Á	I	Y	À	T	R	E
Z	È	Ó	Q	R	R	N	G	W	P	T	U	A	I	M
O	Q	J	V	R	T	Ç	E	H	V	Á	Q	R	M	P
K	E	H	J	O	T	X	U	Q	L	Á	C	J	R	E	O
L	Î	M	T	Ý	V	C	È	B	O	L	Î	D	A	N	R
F	Ï	A	Á	E	Y	R	K	Ü	I	M	A	A	S	E	A
M	L	I	G	Ú	Î	J	Í	È	S	E	P	Î	F	S	D
E	O	D	H	C	Ú	É	V	Ý	L	D	N	G	G	A
L	A	M	A	L	A	E	D	U	C	A	C	I	Ó	N	S

DAMIÁN ALCÁZAR - Solution

A	E	I	G	N	R	Ç	Q	U	Ý	Î	V	I	Ü	C	D
W	L	A	D	K	È	N	A	É	J	Ö	P	A	P	L	U
A	C	M	Ó	Ó	V	O	Ñ	A	T	H	B	C	A	N	N
B	O	E	F	D	S	T	H	U	Í	V	Í	Õ	A	L	M
A	M	Ú	O	É	L	C	Ý	S	Y	Ñ	S	Ó	Q	E	U
W	P	U	C	G	P	Ý	R	M	X	I	C	Ñ	J	Y	N
S	L	S	E	L	I	N	F	I	E	R	N	O	À	D	D
Ú	O	B	A	A	V	Ï	Î	M	Î	Ý	W	U	E	O	P
Q	T	E	J	T	N	Î	R	Î	Õ	E	D	S	I	H	E
M	M	I	T	M	A	A	J	X	Q	Ü	N	À	E	R	R
Ï	O	À	B	À	N	Y	Ü	E	È	Ç	E	Í	R	F
A	N	X	Q	M	Ö	X	Á	B	Ö	J	O	M	S	O	E
D	G	L	C	Î	X	R	G	S	R	Î	W	U	Ü	D	C
K	O	Ñ	R	S	M	O	Ö	B	R	U	A	Î	L	E	T
P	L	A	V	E	M	A	R	Í	A	O	N	G	D	S	O
Ò	Ç	À	V	I	Q	Ý	D	B	G	V	À	O	G	É	O

Page 111

ERNESTO ALTERIO – Solution

Words found: TODOSMIENTEN, ELTRAJE, AMIGOS, INVARIANCAUTOS, INCEOSS, LAMINA

CARLOS BARDEM – Solution

Words found: CLUBDECUERVOS, CHEGUERRILLA, ELCID, THEKNIFETOWER, RENKO, THESON, ALATRISTE, KTE

NESTOR CARBONELL – Solution

Words found: BEHINDENEMYLINES, THEMORNINGSHOW, COCKBROTHERS, RINGOMIGHT, THEDARKKNIGHT, FERTILEGROUNDS

JORGE GARCÍA – Solution

Words found: CALIFORNICATION, ONACATCAMPMATE, HADWEACKIFTIHEVEHOALTN, BFRINGES, HITHEWEEDDINGRINGER, BOOLI

RODRIGO SANTORO - Solution

```
L W T H E T H I R T Y T H R E E E
Y J Z C L U X D F D H N C H C
D C A L O V E A C T U A L L Y H
S H C N A H H L G M U V V C T A
P E T M E K T Z M B I B W U J R
W G H R Q G L L P M Y Q U X X L
L U E T O E O P A V Y C X R H I
J E L T O N J T A G Y N U I E
H R A V N Y C X A H C H O X N S
R R S A Y B G U S G N L O L A
M I T X M Y H S J E U T I S L N
G L S B O O C Q B O N N L V P G
D L T F O C U S R C I I W R Q E
C A A L C V V Y K M O K T U P L
O U N I K N G X O M I V F J B S
G X D H I S R D H W E L Y E I P
```

JEAN RENO - Solution

```
G K M D V W Ç Q N J O E Ñ J V Ó
G E I Y I T Ó N C T O L Z H T F
Ñ U S G A H I Ç M D J C R U R
Ü Í I A Ý E K Ú B V I Ó O D Ú E
D È Ó C Î T G K W Q S D L X N
I H N L P I X G O D Z I L L A C
K P E B M W L E T Ç G E C D H
G L M N T E Í Ú R À S O R I K
Ú D P A D L É O N Ö D B Ú Y I
T B O S L N Ý N R Ñ A A P Y S
I Ö S W U T I U I H N V L D H S
I V I Ó Ý B A K N Z T I L N G E
B U B A E À W Ö I O R N T I Î
Ï À L D Á F F A I T K C E P Ñ
K I E Z N L P G Y È A I Q R S Ç
K L Z Z Q Ü V H B Î Q À L Á Í V
```

DANNY TREJO - Solution

```
W A N I M A L F A C T O R Y P G
R W D D V T W U N R L B L T Y B
C K Q T L J H S T B M T Y K J D
H D X I I M X E X M K P I Z W F
W R R E R L M U F E N Y B U O R
P A M A C H E T E L L O C K U P
E Y N C M M G V X A J L R Z D
Y T O T J D V D C X D S H F L X
Z D C S E X D T U A Z H F Q L
B L O O D I N B L O O D O U T K
C F P M T B R E A K I N G B A D
I I R U N A W A Y T R A I N F Y
S M I L E Y F A C E X M E I D H
J S O N S O F A N A R C H Y R U
J E Z D E S P E R A D O D V E L
Q D U N W C Q L N F O L O X J F
```

GEORGE LÓPEZ - Solution

```
H B R E A D A N D R O S E S E U
I W È V L I O Ü E Y É V I K N Ì
T B Ü Ú G O R F È È Ö D U O Ú G
H I Ñ P È I S Y L V F D N Y E Q
E Ï Ö Q A Ó D P E U A F A Ï G J
S J I Ý Ö À M I M J D Z Y M Í
P S P A R E P A R T S V R D H L
Y Q À U J R Ó A W E U U Q N B Y
N S O Ó F G M T N F F J Ý X G
E Ö M Ñ Ç B Y I Z F R Î O G Ç V
X F U M Ó R T K O T Ó T Ó S V Ñ
T N X V E N Í S H A K E I T U P
D I G Ú E E L O A Ü S Ý X C Y Q
O Á G L S L Ö Ü Ü J O O Ñ V L M
O R A Ú A Ú F P É É O D J T F Z
R V S B J E À I M R Y V S Ç É E
```

Page 113

SOFÍA VERGARA – Solution

PATRICIA VELÁSQUEZ – Solution

EIZA GONZÁLEZ – Solution

SALMA HAYEK – Solution

MICHELLE RODRIGUEZ - Solution

ZOE SALDANA - Solution

DIEGO BONETA - Solution

EVA LONGORIA - Solution

EVA MENDES - Solution

ROSARIO DAWSON - Solution

LUIS GUZMÁN - Solution

MORENA BACCARIN - Solution

ROSELYN SANCHEZ – Solution

JESSICA ALBA – Solution

SHAKIRA – Solution

RUBÉN BLADES – Solution

RICKY MARTIN - Solution

```
E L Ú L T I M O A D I Ó S À L À
Á Y U A O É À Ö H Ú Î R E Ü I J
L B X H Ç G R Á C Í W E G Ó V Ú
Ý L Á Á Î V Q Ç A B Ç C Q G I K
L A M O R D I D I T A U I O N G
Ã T K S T F X Ý V O X E D Ï L É
P I S A Î È Z K A D R R B V A K
È B C T L Í R J F O E D T M V À
X U V U E L V E M U P O K G I Í
M R È R Y È L A C Ú Á Á M K D É
U O G Ü Î N A E C Y G Q F È A O
Í N Î V Ý T R À É Ő L Î Y Y L D
Q E Ü Ç L U B A Î X Ü Q V D O B
I S M A T J É Ï O R Ñ F H I C S
S L F G N G V E N T E P A C A S
T I B U R O N E S Ñ È E H C A I
```

LUIS MIGUEL - Solution

```
J E R O P Z É Ý W Í O Á C P P N
À S B K Î D P S Ü Ö G Ú E L H Î
O S I Ü T Í S À G F B Ú P A Í Ý
W X A B X Ç È U R I Ï R M I W L
C B B S Y N Á A J W O Ö N F A
E U S P E T R R D V K K È C I M
Á N L G Ő S M C C Y E D G O X E
I Ü J P R I U X S Ñ Ï E N M D
Ö C Z N A W È N Ï S Ó N Ï D W I
Î G F Ý O B J A M M T Ï I T A
Z A S K Á S L Ý G C Ü Q U C H V
R Ö X Ü M Y E E Ç A O Ý C I U U
K L T Ú X È Î T O B H S W O E E
L Î S E W D Ü D Ú N Á É A N S L
Î Ç Á R N Ü À Ç P B O Ý T A I T
Ñ È L Z P W É E O W E R O L W A
```

JOSE JOSE - Solution

```
S S I M E D E J A S A H O R A Ç
Ö N C E L Ú L T I M O A D I Ó S
N Ö N Z Ç R Z Q Ó C Ñ F P Ö J G
E E L T R I S T E Y É A U Ü A A
L A H D Í X N S X C L Z E B V
F W A L Z Ü G C Î Ç Y O S E I I
Ñ È N M M D U S Á L Ö D Ç É F L
S I Ç O A O Y Í N D Y U L V Ó Á
Z A L È J R H J L K L D R O Y N
Y F Ó C Y R Y A G L É O X L U O
I P M O Ç L Á Q D Ñ L D Y C G P
I Ñ F D É S R Í U A V Y Ö Á Z A
Ú Q G O O À Ñ Ñ S E Ï P O N Í L
W M K J Ç N J È J E R N Á M K O
U H N Á G U Í Ç O Q U É B Á F M
F S W R Ý G T Í G U D E R B Í A
```

VIOLETA PARRA - Solution

```
T M É B P Ñ É E R H O D M R G G
Á I L À S U Z L À È W C Í Í E A
Í R Ñ A Á F F L T T Ç Ú È É D M
À E U É J É Ó S U I U T È I Í Í
Á N Ñ Ú U A D Î M Í Ý Ñ V X J A
Ý C K À Ú F R Í R Ö A A P R A Q
X Ó C D Ñ Î Ú D N Q L Ú Î Ö T Y
T M F O R I Ö Ñ I A H O Ñ E G Z
K O M U È E B G S N Z N Ó Ö N M
F S S L J O A Ö É È A Ü U Á Ö
A O O Q J A I X H Ó U R Z M E Y
É N J O M C C Ñ Á Ý O Ö A É G Ý
Á R A Ú A K S A I H D H É K G F
O Í B R J U K Í R S W H J L X V
N E G S D Î Ý N B T I U Ý Ö V Y
Z N C I W Ý H À X C A À W R T É
```

RICARDO ARJONA - Solution

PLACIDO DOMINGO - Solution

MERCEDES SOSA - Solution

ROCIO DURCAL - Solution

CHRISTINA AGUILERA - Solution

```
K F T A G V M Z Z Q L X O N O R
Q A I K I P H N X I L K S W M D
R E L U L T I M O A D I O S S L
E H H W V O O S M T L C Z L J T
F L A D Y M A R M A L A D E Z R
L C K G M O Y X B Z D O Q J B D
E W S A Y S O M E T H I N G I G
C Y K S A V N W F G L S R O R T
T F E A J M N B D I N C H U P J
I Z B Z N U M U T R G V U F K G
O B E A U T U F U L R H R W M Y
N O G E N I E I N A B O T T L E
I V G T C R R M W A F U S E E W
J N L I A X D E Z R Z S S W R N
O U B E D I R T Y J K J I Y D H
L O Y A L B R A V E T R U E T I
```

JAVIER SOLIS - Solution

```
E N M I V I E J O S A N J U A N
Y D Ñ Î E N T R E G A T O T A L
N Ö M E D I A V U E L T A P X Ý
N K Ö F Q P Ó I S T Y R B À I K
G R P O O P Î X K Ü F E Ý J I Ű
N È E S Y H A M X Ó T S É E I I
É É Ü N M È D Y A J G P E S S F
Ú J J Q U M C Z A Î É A N C O Á
T E L L O C O P V S I L T L M K
Ç I C B C Ý I E I Î O A U A B R
Z Ö Ï I C G L A N Q O B P V R X
Ü À Î Î B Ý R J C Ñ Q R E O A Í
H B W W F Ï V O E I L A L Y S X
O É R G Î V Ú N P Ö Ó S O A N Ï
T Ú Ç Î N K F Ú È Á Ç N Ý M N É
J S Y Ç M V X Ñ X C R P Í O T U
```

THALIA - Solution

```
T Ñ D E S D E E S A N O C H E P
E N H À P Ï Ü Ö I Ç R T C G L C
P N N Q I I N Ý J O É B B P O
E T O O X O E B Q U J Ç Ú L R L
R H M M X C Ó L Z N T L Á F O O
D M E E C T T P M D B P Ý U X R
I G A E Ý S I T Z O P J E Ñ I E
S L C N Ý N C T L N R A D À M S
T H U S P A K E Ñ Ö E E É R O P
E L E E I Z T Ç A M Ñ L N L V E
M Z R Ñ E I O Ü G W Ö H O A I R
I Ý D A Z M C Î Ü H B Ñ N Í E A
A P O S L T K Î Ó Ñ Ú A K I R N
M H B T Ï K J L X Ö Ü V Ñ V N Z
O É N E B R V Ú B A W Ç N N E A
R Ö E L U L T I M O A D I O S C
```

LUIS FONSI - Solution

```
T À Z L Ü Ü Ú É L Ú B Ú A S L S
Ü Z Ý Ñ L G Ó B Ñ I E P I Ý Q B
S V D C Ã E È L E L L I Ó J N Î
Ç D A L Ï V G Ó U G Í D A Ï F
T Ï Ú Ó V I W A C H O U P Y É Ü
È O R È À Ú O A S Y T Î È O Ý T
À P Z K Y Á L A Y T O A Ç O J Q
K G V N L E T O I W E Z N U Z Q
K D Ý T M C T L L Á É T Í T L V
B F F A E S Á Ü U À À T Ú H O Í
Ï K H F E D E S P A C I T O Á S
Ý C R Í D A T E L A V U E L T A
É E U F É B Á H K X N S Ç S M Á
P Q E P M O X O T W S Y D É K V
A Ó I M P O S I B L E Z È W Ö A
T O D O L O Q U E T E N G O X Á
```

JENNIFER LOPEZ – Solution

- WORRY NO MORE
- DANCE AGAIN
- EMOTIONS
- LETS GET LOUD
- EL ÚLTIMO ADIÓS
- ON THE FLOOR
- IN THE MORNING
- AINT YOUR MAMA

JORGE NEGRETE – Solution

- YO SOY MEXICANO

SELENA GÓMEZ – Solution

- BAILA CONMIGO
- PAST LIFE
- ICE CREAM

VICENTE FERNÁNDEZ – Solution

GLORIA ESTEFAN - Solution

- WE ARE THE WORLD
- DON'T WANNA LOSE YOU
- CONGA
- MI TIERRA
- OYE
- WEPA

JUANES - Solution

- BESOS EN GUERRA
- ADIOS LE PIDO
- FOTOGRAFÍA
- LA CAMISA NEGRA
- ES POR TI
- A DIOS LE PIDO
- BONITA
- MI ISRAEL

ANA GABRIEL - Solution

- QUIÉN COMO TÚ
- ES DEMASIADO TARDE
- COSAS DEL AMOR
- TÚ LO DECIDISTE
- AYER
- LA CIUDAD

JULIO IGLESIAS - Solution

- LO MEJOR DE TU VIDA
- ME OLVIDE DE VIVIR
- HEY
- QUIERO
- DE NIÑA A MUJER
- AMOR

SILVIO RODRIGUEZ – Solution

MARC ANTHONY – Solution

JUAN LUIS GUERRA – Solution

MARCO ANTONIO SOLIS – Solution

ANDRES CALAMARO - Solution

- LOCO
- MIL HORAS
- PARA NO OLVIDAR
- CUANDO NO ESTÁS
- ESTADIO AZTECA
- FLACA
- TE QUIERO IGUAL

MIGUEL RIOS - Solution

- HIMNO A LA ALEGRÍA
- BLUES DEL AUTOBÚS
- NUEVA OLA
- EL RIO
- LA ENCRUCIJADA
- SANTA LUCÍA
- BIENVENIDOS

MIGUEL BOSE - Solution

- LAIRES OY (AIRE SOY)
- LIBRE
- AMANTE BANDIDO
- MORENA MÍA
- DON DIABLO
- BAMBÚ
- MORIR DE AMOR
- SEVILLA
- TE AMARÉ
- NENA

ENRIQUE IGLESIAS - Solution

- DUELE EL CORAZÓN
- SÚBEME LA RADIO
- EL PERDÓN
- BAILANDO
- TIRA TI
- CUANDO ME ENAMORO
- FUTBOL Y RUMBA

PEDRO INFANTE - Solution

JUAN GABRIEL - Solution

JOAN MANUEL SERRAT - Solution

CELIA CRUZ - Solution

JOAQUIN SABINA - Solution

Í	Á	Y	F	P	Ï	C	B	J	J	I	I	U	H	J	Y
Ý	S	A	Ï	Î	F	Í	C	B	F	S	I	C	T	Ñ	Ü
Ç	Î	S	F	H	Í	R	L	Î	U	Q	Í	A	R	É	Ú
R	B	Í	Á	C	O	N	T	I	G	O	A	L	V	Ú	B
M	N	E	U	Ã	L	D	L	X	Ý	Y	J	L	A	Z	I
N	Z	S	W	È	V	X	Î	U	È	Ö	K	E	A	Ñ	B
O	À	T	V	I	Í	Î	Á	R	Ç	Z	I	M	Ö	Ü	U
À	Á	O	Y	Y	È	X	F	P	R	U	Í	E	Î	Ñ	È
R	C	Y	B	K	Ü	È	Ü	Ý	G	À	A	L	V	P	H
V	Ü	Y	Á	C	Î	Á	Z	L	D	S	Q	A	C	Y	À
A	C	O	H	B	P	Y	Î	Y	E	X	U	N	Ü	V	Ö
D	O	S	E	U	É	P	L	C	X	Ç	Î	C	F	E	Ñ
Z	Í	I	Q	Ü	Í	Ó	N	E	X	P	L	O	M	Ç	L
P	Ñ	N	À	U	C	I	Ï	I	D	É	Ç	L	J	Ú	R
R	H	T	É	Î	R	Ï	K	Ç	P	A	T	Í	É	D	Á
I	À	I	E	P	X	Ü	A	M	N	L	È	A	F	L	Ñ

RICARDO MONTANER - Solution

T	D	É	J	A	M	E	L	L	O	R	A	R	Í	O	Ö
Q	O	N	É	D	Z	N	À	S	O	Ú	A	N	L	P	X
Ó	S	Ï	Y	M	À	Ï	E	W	O	Ñ	I	E	I	R	O
R	Ó	Ü	O	A	W	Î	Ú	A	Y	I	P	Z	F	S	
Á	Î	Ü	L	I	P	É	C	R	V	C	T	U	N	O	Ü
Í	I	D	Q	O	L	U	T	Z	L	Ú	S	U	D	D	U
U	À	Q	Ñ	D	C	X	E	E	B	O	Ï	A	Y	É	Ç
C	S	Y	O	N	E	O	D	D	R	V	R	Á	N	O	Ý
H	M	M	Ö	A	Q	A	N	G	O	O	N	Ý	H	W	É
Î	È	À	A	M	E	E	U	M	H	N	H	B	È	V	
J	È	V	D	I	G	N	Y	A	N	S	A	Y	G	O	Ï
I	E	F	C	Ú	S	Ó	N	Á	Ñ	B	K	C	Ï	T	T
M	Y	A	Ă	O	J	E	R	H	Î	X	E	Q	E	S	V
Ö	L	Ú	J	P	N	E	É	Á	G	F	Ç	S	Í	R	N
Ü	Ý	O	Á	S	G	Ñ	Î	Á	Ö	Ç	X	O	P	Ï	
Ó	Ç	Á	T	N	E	À	A	L	R	C	D	É	B	O	T

ALEJANDRO FERNÁNDEZ - Solution

Q	N	Ý	T	Ç	M	W	T	F	È	Z	Ú	Ü	V	H	Í
N	À	S	E	Ü	B	Á	A	W	X	I	Ú	É	W	Î	Ú
I	M	I	V	X	V	Q	N	G	L	V	D	J	Z	W	A
Ñ	Ú	H	O	Ö	Ö	U	T	N	Z	J	F	Ü	Y	V	Ú
A	Z	E	Y	K	Á	É	I	O	U	Ñ	Ú	U	Î	Ú	Z
A	O	S	A	R	N	L	T	S	L	O	C	O	D	O	X
M	À	A	P	R	U	Á	A	É	V	Ý	X	Ý	Z	Ï	P
A	K	B	E	H	B	S	P	O	Ý	Í	X	D	Í	M	À
D	É	I	R	Ñ	E	T	E	L	E	V	Ú	G	F	D	R
A	W	D	D	Á	V	I	N	V	Ï	Ý	K	Q	V	S	Y
M	V	O	E	É	Í	M	A	I	F	E	D	Í	N	K	N
Í	Î	A	R	Ý	A	A	U	D	B	Í	C	U	J	L	H
A	Ú	M	A	G	J	R	Z	A	Ó	Ö	N	A	É	Ö	M
E	P	O	B	O	E	Ý	J	R	Î	M	O	S	È	M	Í
O	Á	R	G	E	R	O	R	Í	O	E	X	Y	Î	D	Z
Í	Á	V	Y	A	A	O	U	Ü	X	K	Í	Ó	L	P	E

LAURA PAUSINI - Solution

E	Í	M	G	E	J	H	M	H	L	Î	N	V	E	K	Î
N	N	K	Ñ	N	A	Ó	J	E	E	Ï	Ý	O	M	É	Á
T	T	Z	O	A	M	M	L	N	S	U	Ú	L	E	A	G
R	Á	Ó	D	U	Á	E	N	C	C	Á	Q	V	R	M	W
E	Á	Ý	S	S	Ú	Y	A	U	Q	Ñ	E	G	O	H	
T	D	E	Î	E	A	J	M	C	W	Í	R	E	R	N	
Ú	K	S	Ñ	N	B	Ó	G	B	H	Ö	Y	É	N	E	E
Y	Ý	F	L	C	A	M	X	I	A	Ç	M	J	C	S	Ï
M	H	M	I	I	N	Ï	V	O	A	P	Ï	U	I	E	Ç
I	O	U	À	A	D	B	M	N	T	A	Ú	N	A	X	L
L	A	Á	M	D	O	Î	F	O	E	A	Ú	T	D	T	H
M	P	À	E	E	N	K	F	E	N	H	B	O	E	R	Ú
A	Z	Ñ	E	T	É	W	Ý	Ï	T	N	T	A	A	A	T
R	A	Á	K	I	Í	È	B	E	O	P	Ñ	T	M	Ñ	V
E	É	Ï	Ï	W	Ñ	È	F	L	Ö	V	T	I	O	O	T
S	Î	Í	V	S	È	H	Á	Ö	T	J	E	Ý	R	S	D

CARLOS BAUTE – Solution

JOSÉ ALFREDO JIMENEZ – Solution

FRANCO DE VITA – Solution

CAMILA CABELLO – Solution

DAVID BISBAL - Solution

Q	D	S	Î	O	U	M	I	P	R	I	N	C	E	S	A		
U	V	Y	Î	Í	F	D	O	H	Ç	Y	Z	O	A	R	Ó		
I	D	K	T	É	B	Ñ	E	Ó	À	R	Y	Í	Y	P	É		
E	Z	I	É	O	K	I	S	I	Y	A	R	A	D	S	Ï		
N	Ö	X	E	A	R	C	V	J	Ï	A	Â	Î	D	I	Ý		
M	É	I	Z	V	R	W	N	M	L	K	F	Q	L	J			
E	É	Y	R	Ç	M	H	E	E	X	Y	X	Ü	P	E	B		
I	Ú	B	G	Q	A	I	V	D	H	M	Á	É	E	N	Q		
B	Q	Ó	D	Í	G	A	L	E	E	R	U	C	J	C	O		
A	F	S	E	Ï	N	V	U	M	E	B	E	M	Í	I	O		
A	U	R	Ï	À	Ü	M	Ö	S	A	N	A	Z	Í	O	Ó		
D	P	Ç	Z	N	S	F	O	Ú	A	N	É	B	D	Ë	Î		
E	Z	Y	V	L	Î	M	K	M	Ú	V	E	B	E	H	D		
C	L	À	H	Á	Ó	X	A	M	B	B	É	R	J	L	O		
I	D	É	P	C	Ñ	O	Y	Í	X	Z	Y	N	A	N	X		
R	P	F	Y	Ú	N	Í	V	Ó	Z	N	Ü	F	Ç	S	M		

FITO PAEZ - Solution

Ö	Ñ	N	X	L	Ç	U	B	W	Á	G	V	O	Ú	Ñ	L	
È	M	Ñ	H	Î	D	N	D	S	E	X	Q	F	K	A	Y	
Ú	H	T	A	F	L	V	È	Ï	U	Y	Ý	Á	Í	B	Ñ	
D	A	L	Ï	Ç	A	E	J	Ý	E	C	A	D	T	M	E	
Z	Z	D	A	È	D	S	É	Î	L	D	R	O	N	Ú	T	
N	Q	O	Ö	Q	E	T	A	Z	S	A	O	S	P	A	B	
Á	M	D	Í	Ú	S	I	V	Í	A	R	D	E	G	Ñ	À	
Ü	Y	F	V	X	P	D	N	Z	C	E	A	N	N	È	V	
M	V	Ñ	J	V	E	O	Ü	É	R	S	R	L	W	V	J	
Á	H	D	R	R	D	Y	Î	I	D	M	A	Z	K	G		
Í	À	È	B	Ï	U	W	A	F	A	I	C	E	Ü	P		
Á	B	A	Y	O	D	N	A	T	I	R	V	Í	S	Z	H	
F	Ç	Ñ	O	Q	A	A	F	É	C	C	I	U	X	U	L	
G	G	X	J	Ý	X	M	L	J	I	É	D	Z	Ú	Z		
I	O	Î	P	G	Ç	O	S	A	O	Y	A	A	Í	W	Ó	
W	O	C	I	Í	Ö	R	Ö	Q	W	N	A	D	R	H	À	

CUCO SANCHEZ - Solution

X	H	L	Ú	U	Ï	Ý	Ö	È	A	W	S	A	F	A	Í
C	A	X	A	I	I	H	K	Ü	L	O	È	M	A	Ú	P
O	R	R	Z	Ú	Ó	A	K	Ö	H	X	T	O	L	N	Î
N	R	R	K	E	Ó	M	Z	À	K	S	P	É	R	L	S	Ç
S	I	O	T	Ú	S	O	L	O	T	Ú	Á	P	A	E	X
E	E	Î	Î	É	Ý	S	Á	O	K	G	Á	E	S	A	A
N	R	L	K	S	K	Ñ	É	Ö	Á	Q	O	R	T	C	Ý
T	O	Ù	M	Y	Y	É	J	É	A	G	Ý	D	E	U	Ý
I	S	Ý	M	G	Z	Í	A	Í	S	D	Ü	I	C	E	Q
D	S	Ó	C	À	R	J	M	K	E	L	H	D	O	R	U
A	O	I	A	Î	Q	A	E	Ý	X	Q	H	O	R	D	L
B	M	Y	H	A	T	R	Ý	S	H	I	S	X	A	A	Á
C	O	A	Í	Ï	G	Ü	Í	X	B	E	H	Z	D	B	
Z	S	Ú	D	Y	Ç	Ö	Î	J	D	Ú	G	M	Ó	E	Ñ
Á	K	N	M	Y	H	F	D	È	M	V	R	E	N	M	Ý
	P	I	É	T	O	Ý	A	U	V	E	K	L	K	Ñ	Í	G

CHRISTIAN CASTRO - Solution

X	L	L	O	R	A	N	L	A	S	R	O	S	A	S	K	
Î	J	X	P	E	W	U	Ý	S	I	X	S	Ý	L	Í	Á	
Y	Í	À	Z	O	Z	È	L	Ç	U	Q	O	Ý	Î	E		
C	Ú	F	T	X	R	U	Î	Í	Q	U	B	M	S	Î		
G	Í	G	I	H	Z	A	Ý	Ö	X	R	M	R	È	M	H	
I	U	Ï	Ý	A	É	Ö	M	P	Y	W	S	F	M	E	X	
T	Ì	J	W	Y	X	A	Ú	A	M	È	À	N	L	J	P	
D	M	R	U	O	B	N	G	A	R	R	G	C	Í	O	H	
N	B	I	V	Q	A	G	À	D	Z	T	Ç	É	L	R	W	
N	V	A	T	U	B	E	G	G	Ý	É	E	J	F	A	H	
G	L	M	O	E	U	L	Z	N	L	À	J	A	Q	S	U	
Ö	X	O	Ü	R	D	N	O	P	O	D	R	Á	S	Í	A	
Î	W	R	J	Í	Á	V	Q	I	L	Ç	È	Î	A	Í	G	
A	W	O	Ñ	A	T	A	S	Í	E	R	A	E	L	L	A	
	E	L	C	U	L	P	A	B	L	E	S	O	Y	Y	O	Ý
Ñ	Ñ	X	É	N	Y	Q	É	Ü	J	P	Î	V	N	X	R	

ANTONIO AGUILAR – Solution

```
R S I Ó Á B D N Ï Y Ý É M Í Í U
P A Y C H A B E L A V O Z O S Ý
I B Á Î L P O L Z P D D E Ó Z B
Ú R Ö H Z B N E U I P T D Q M N
U W U Ü Ï H Ö T R J N G Ú U A
G J Ÿ Q Ç L Ú O H E M O À W I H
Î Z V L Î U L Q S Z L S C E Á Î
Y Í Ÿ Y L O Ö U Á A S I Ñ M X D
Ñ H K W D A A W P R D Ó I Ï U É
P Y Û A F L A E W V H Ñ E À E Ý
O L L P E O D I F X W W Á Ý K S
N E B R X Z S Ñ V Ö K È T I G À
Y W A Î U W R L Ö D É R Á X C B
Ï Q Y R Ý L L Q Q U Á À Ü M Ñ Í
F È C O X C L Ï O Í Ó Y X Z E E
N C O P I T A S D E M E Z C A L
```

★ Join! ★

The Puzzle Favorites Club

Free Printable Puzzles

Coupons

Sneak Peeks

...and More!

 Sign up now at...
www.PuzzleFavorites.com

Follow Us:

@puzzlefavorites

Enjoy these Great Titles and More By Puzzle Favorites!

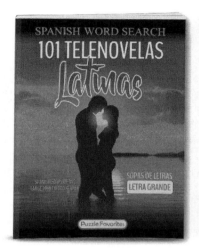

ISBN: 978-1-947676-40-4
Amazon: 1947676407

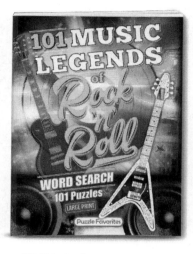

ISBN: 978-1947676435
Amazon: 1947676431

ISBN: 978-1981681792
Amazon: 1981681795

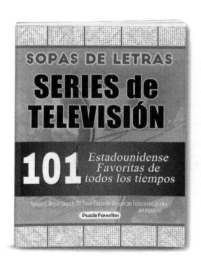

ISBN: 978-1947676428
Amazon: 1947676423

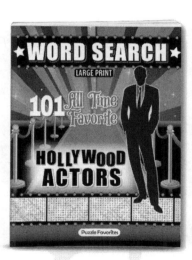

ISBN: 978-1-947676-37-4
Amazon: 1947676377

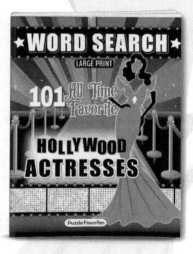

ISBN: 978-1947676312
Amazon: 1947676318

Puzzle Favorites
www.PuzzleFavorites.com

ISBN: 978-1-947676-41-1

   @puzzlefavorites

ABOUT

Michelle Brubaker is the founder of Puzzle Favorites."

As an avid puzzle fan, she also created an entire product line of activity books enjoyed by puzzle enthusiasts around the world.

Please take a quick moment to review this book on Amazon.com and show your support for independent publishers!

Learn How to Publish Your Own Puzzle and Activity Books!

Introducing…. Self-Publishing Courses by Michelle Brubaker the creator and founder of Puzzle Favorites.

➡ Learn more at: www.MichelleBrubaker.com/publishing-courses

    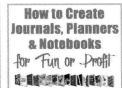